U0946164

中华人民共和国经济与社会发展研究丛书（1949—201

编 委 会

国家出版基金资助项目
“十三五”国家重点图书出版规划项目
中华人民共和国经济与社会发展研究丛书（1949—2018）
丛书主编：武力

全国高校出版社主题出版

中国区域经济发展研究

Research on Regional Economic Development of the People's Republic of China

段　娟◎著

中国·武汉

图书在版编目(CIP)数据

中国区域经济发展研究/段娟著. —武汉:华中科技大学出版社,2019.6
(中华人民共和国经济与社会发展研究丛书 : 1949—2018)
ISBN 978-7-5680-5414-0

Ⅰ.①中… Ⅱ.①段… Ⅲ.①区域经济发展-研究-中国-1949—2018 Ⅳ.①F127

中国版本图书馆 CIP 数据核字(2019)第 130060 号

中国区域经济发展研究 段 娟 著
Zhongguo Quyu Jingji Fazhan Yanjiu

策划编辑:周晓方 周清涛
责任编辑:熊 彦
封面设计:原色设计
责任校对:刘 竣
责任监印:周治超
出版发行:华中科技大学出版社(中国·武汉) 电话:(027)81321913
武汉市东湖新技术开发区华工科技园 邮编:430223
排 版:华中科技大学惠友文印中心
印 刷:湖北新华印务有限公司
开 本:710mm×1000mm 1/16
印 张:10.5 插页:2
字 数:202 千字
版 次:2019 年 6 月第 1 版第 1 次印刷
定 价:99.00 元

内容提要

ABSTRACT

中国是一个幅员辽阔、经济和社会发展极不平衡的多民族国家。如何改善区域经济发展不平衡的态势，促进区域经济协调发展，是党和政府高度重视的重大经济和社会问题。本书以区域经济发展战略的历史演进为主线，立足中国国情，系统、客观地对新中国成立至今不同历史阶段区域经济发展战略及其提出的国内外背景、实施过程以及对国民经济发展的影响效应进行分析，力图探讨新中国成立 70 年来区域经济发展的演进历程，总结我国在处理中央和地方关系、政府与市场关系等方面的历史经验，并在此基础上，对新时代如何提升区域发展质量，加强区域协调发展新机制建设等方面进行探讨。

总序

GENERAL PREFACE

早在2013年6月，习近平总书记就指出，历史是最好的教科书，学习党史、国史，是坚持和发展中国特色社会主义、把党和国家各项事业继续推向前进的必修课。这门功课不仅必修，而且必须修好。要继续加强对党史、国史的学习，在对历史的深入思考中做好现实工作，更好走向未来，不断交出坚持和发展中国特色社会主义的合格答卷。党的十八大以来，习近平总书记多次强调要加强历史研究，博古通今，特别是总结中国自己的历史经验。在以习近平同志为核心的党中央领导下，中国特色社会主义进入了新时代。2017年是俄国十月革命胜利100周年；2018年是马克思诞辰200周年和《共产党宣言》发表170周年，同时也是中国改革开放40周年；2019年是中华人民共和国成立70周年；2020年中国完成工业化和全面建成小康社会；2021年是中国共产党成立100周年。这些重要的历史节点，已经引发国内外对中共党史和新中国历史研究的热潮，我们应该早做准备，提前发声、正确发声，讲好中国故事，让中国特色社会主义主旋律占领和引导宣传舆论阵地。

作为专门研究、撰写和宣传中华人民共和国历史的机构，中国社会科学院当代中国研究所、中国经济史学会中国现代经济史专业委员会与华中科技大学出版社一起，从2014年就开始策划出版一套总结新中国经济与社会发展历史经验的学术丛书。经过多次研讨，在2016年5月最终确立了编撰方案和以我为主编的研究写作团队。从2016年7月至今，研究团队与出版社合作，先后召开了7次编写工作会议，讨论研究内容和方法，确定丛书体例，汇报写作进度，讨论写作中遇到的主要问题，听取学术顾问和有关专家的意见，反复讨论大纲、改稿审稿并最终定稿。

这套丛书是以马克思列宁主义、毛泽东思想、邓小平理论、“三个代表”重要思想、科学发展观、习近平新时代中国特色社会主义思想为指导，以中华人民共和国近70年经济与社会发展历史为研究对象的史学论著。这套丛书共14卷，分别从经济体制、工业化、区域经济、农业、水利、国防工业、交通、旅游、财政、金融、外贸、社会建设、医疗卫生和消除贫困14个方面，研究和阐释新中国经济与社会发展的历史和经验。这套丛书从策划到组织团队再到研究撰写专著，前后历时5年，这也充分反映了这套丛书各位作者写作态度的严谨和准备工作的扎实。从14个分卷所涉及的领域和研究重点来看，这些问题都是中共党史和新中国历史，特别是改革开放以来历史研究中的重要问题，有些是非常薄弱的研究环节。因此，作为研究中华人民共和国近70年经济与社会发展的历程和功过得失、总结经验教训的史学论著，这套丛书阐述了新中国成立前后的变化，特别是改革开放前后两个历史时期的关系、改革开放新时期与新时代的关系，这些论述不仅有助于坚定"四个自信"、反对历史虚无主义，而且可以为中国实现"两个一百年"奋斗目标提供历史借鉴，这是这套丛书追求的学术价值和社会效益。

今年是中华人民共和国成立70周年，70年的艰苦奋斗，70年的壮丽辉煌，70年的世界奇迹，70年的经验教训，不是一套丛书可以充分、完整展示的，但是我们作为新中国培养的史学工作者，有责任、有激情去反映它。谨以这套丛书向中华人民共和国成立70周年献礼：祝愿中华民族伟大复兴的中国梦早日实现！祝愿我们伟大的祖国像初升的太阳，光芒万丈，照亮世界，引领人类命运共同体的构建！

中国社会科学院当代中国研究所

武力

2019年5月

目 录

CONTENTS

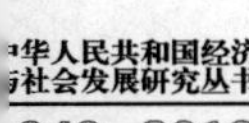

第四章　沿海地区优先发展与区域经济非均衡发展战略的实施

第五章　区域协调发展战略的启动与初步实施

第六章　区域发展总体战略的推进与主体功能区战略的形成

第七章　新时代区域协调发展战略的实施进展与展望

绪论

新中国成立70年区域经济发展的历史回顾与经验总结

新中国成立以来，我国区域经济经过了均衡发展、非均衡发展、协调发展三个阶段的历史演进。在不同历史阶段，区域经济发展的历史背景、历史进程、影响效应均存在差异。系统回顾新中国成立70年区域经济发展的演进历程，对于总结区域经济发展的历史经验，对于如何提升新时代区域发展的质量、加强区域协调发展等都具有一定的历史和现实意义。

一、新中国成立70年区域经济发展的历史回顾

新中国成立以来，区域经济历经均衡发展、非均衡发展、协调发展三个阶段的演进，即1949—1978年区域经济均衡发展阶段、1979—1990年区域经济非均衡发展阶段、1991年以后区域经济协调发展阶段。

（一）区域经济均衡发展阶段（1949—1978年）

1949年新中国成立时，从国内环境来看，中国共产党面对的是生产力薄弱、工业生产远离原料产地以及工业分布与资源分布不相适应等布局不合理的现实。从国际环境来看，西方资本主义国家对新中国的敌视、封锁，加上朝鲜战争的爆发，严重威胁了中国的国家安全。面对上述国内外背景，在三年国民经济恢复时期（1949—1952年），国家重点恢复和发展了与国防建设密切相关的重工业，加强了水利、交通基础设施建设，还将一部分工厂迁移到接近原料产区、消费市场的地区，初步改变了工业生产过分集中于沿海地区的不合理格局，沿海工业产值占全国工业总产值的比重略有下降，内地工业产值的比重略有上升。

经过三年的国民经济恢复，虽然内地工业得到了建设和发展，但旧中国遗留下来的沿海与内地生产力布局不合理的状况并未得到根本改观。在工业总产值中，沿海所占比重依然高于内地所占比重。面对这种格局，中国共产党第一代领导集体在编制"一五"计划时，将"平衡工业布局"作为有计划地发展国民经济的重要任务之一。"一五"计划提出要在全国各地区适当地分布工业的生产力，逐步地改变旧中国遗留下来的生产力布局不合理的状态。在"一五"计划的指导下，我国开始了大规模的经济建设。"一五"期间（1953—1957 年）建设的项目，特别是苏联援建的项目，主要配置在东北地区、中部地区和西部地区，内地工业的投资额占全国投资总额的比重以及内地的工业产值占全国工业总产值的比重都有所上升。

但"一五"后期，经济建设中暴露出过于重视内地建设，而忽略沿海地区发展等问题。对此，1956 年，毛泽东在中共中央政治局扩大会议上作的《论十大关系》报告中专门对沿海与内地工业发展的问题进行了论述。中共八大通过的《关于发展国民经济的第二个五年计划（1958—1962）的建议》也提出了正确处理沿海与内地生产力布局的原则。但是，1957 年下半年以后，由于受反右派斗争中滋长起来的"左"的指导思想的影响，中共中央要求各协作区或有条件的各省、区、市也要形成各自独立的比较完整的工业体系，这引发了一场"全民大炼钢铁、大办工业、盲目追求高速度"的"大跃进"运动。"大跃进"时期，中央将全国划分为七大协作区，要求各个经济区域按照全国统一的规划，尽快地分别建立大型的工业骨干和经济中心，形成若干个具有比较完整的工业体系的经济区域。这使中共八大设定的"二五"时期（1958—1962 年）的生产力布局方针和部署发生变化，同时还带来了各地区产业结构趋同、生产布局呈现"星罗棋布、遍地开花"的状况，极大地影响了中国区域经济的良性发展。1961 年 1 月，中共八届九中全会提出"调整、巩固、充实、提高"的八字方针，对国民经济进行全面调整，地方独立工业体系的建立被迫告停。同时，国家也加大对内地的投资建设，内地建设的投资额占全国投资总额的比重有所上升。

20 世纪 60 年代初，台湾海峡战云密布，美国侵略越南的战争逐步升级，中苏关系恶化，中国周边受到多方面的战争威胁。但中国当时的工业布局还比较脆弱而且不合理，从战备的需要调整工业布局，成为迫切需要考虑的重大问题。1965 年，中央将全国划分为一线、二线、三线地区，以备战为目的开展三线建设成为当时国民经济发展的中心任务。三线建设决策分两个阶段实施。第一阶段即"三五"时期。第三个五年计划作出了从准备大打、早打出发，积极备战、把国防建设放在第一位、加快三线建设、逐步改变工业布局的战略部署，我国将西南地区作为建设重点开展三线建设。第二阶段为“四五”时期。根据“四五”计划提出要建立不同水平、各有特点、各自为战、大力协同的经济协作区，要将内地建设成为一个部门比较齐全、工农业协调发展的强大战略后方的战略安排，三线建设的重点转向豫西、鄂西、湘西地区，同时继续进行了大西南地区的建设。对三线建设投资的增加，加强了国防力量和内地发展，但由于企业之间、工业部门之间无法建立正常的经济联系，也造成了较大的资源浪费。

改革开放前我国实施的以均衡生产力布局、加强内地建设、巩固国防为目标的区域经济均衡发展战略对于内地的经济发展、我国生产力非均衡布局的改善、民族团结的增进和国家安全的加强曾发挥了积极作用，但这一战略违背了生产力发展的客观规律，追求的只是一种低水平的平衡。同时，该战略过分强调区域经济均衡发展而忽视了经济发展的效率原则，尤其是三线建设时期，在内地，特别是在经济较为落后的区域所进行的生产力布局，实际上是一种“嵌入”的方式，大小企业一律“靠山、分散、进洞”，很难产生规模经济效益。

（二）区域经济非均衡发展阶段（1979—1990年）

1978年12月13日，邓小平在《解放思想，实事求是，团结一致向前看》的讲话中提出的“部分先富、先富带后富、逐步实现共同富裕”的论断，成为中国区域经济发展战略调整的重大指导思想。基于中国各地区自然资源分布和社会经济文化发展水平存在的较大差异，国家在政策和资金方面向部分条件较好的地区倾斜，允许和鼓励这些地区先富起来，可以产生示范效应影响和带动其他地区乃至整个国民经济发展。依据邓小平的论断，中国共产党在对改革开放前30年的区域经济均衡发展战略进行反思的基础上，提出了优先发展东部沿海地区的区域经济非均衡发展战略。“六五”计划强调要充分发挥沿海地区优势，带动内地经济进一步发展。“七五”计划强调，要正确处理东部沿海、中部、西部三个经济地带（地区）的关系。“七五”期间以至20世纪90年代，要加速东部沿海地带的发展，同时把能源、原材料建设的重点放到中部，并积极做好进一步开发西部地带的准备。

根据“六五”和“七五”计划的战略部署，国家采取了一系列政策措施促进沿海地区优先发展。首先，实施沿海对外开放政策。划定了深圳、珠海、汕头、厦门4个经济特区；开放了大连、秦皇岛、天津等14个沿海港口城市；把长江三角洲、珠江三角洲、闽南厦漳泉三角地区及辽东半岛、胶东半岛、环渤海地区等开辟为沿海经济开放区。这些经济特区、沿海港口城市和沿海经济开放区组成了中国沿海开放地带和工业城市群，在工业、农业、交通等方面均具有领先优势。其次，政策和资金向沿海地区倾斜。在政策方面，国家对经济特区、沿海开放城市、沿海经济技术开发区在财政、税收、信贷、投资等方面给予优惠。在资金方面，国家在基本建设的投资分配中，加强了沿海地区的投资比重。

区域经济非均衡发展战略的实施，促进了沿海地区的发展，推动了中国全方位对外开放格局的形成和中国经济市场化改革进程；东部地区的优先发展，提高了资金的运转效益，使沿海地区成为最具活力的经济高速增长区，实现了国民经济整体效率的最大化；东部地区的优先发展，产生了较大的扩散效应，在一定程度上支持了中西部地区的发展。但这一战略的实施也产生了不容忽视的负面影响。首先，拉大了地区间发展差距。从1980年到1991年，东部地区社会总产值占全国的比重由52.9%上升到58.5%，而中部地区却由31.4%下降到26.6%，西部地区由15.7%下降到14.0%。[①] 其次，在实行一系列向东部沿海地区倾斜的政策措施的过程中，不同程度地存在着倾斜范围过窄，倾斜力度过大和倾斜时限过长的状况，在追求效率的同时，相对忽略了兼顾公平的目标。再次，区域经济非均衡发展战略的实施还不可避免地导致区域产业结构趋同、区域经济封锁、区域之间利益主体摩擦和冲突、过分追求经济增长而忽视对资源和环境的保护等诸多问题。

(三)区域经济协调发展阶段(1991年以后)

针对区域经济发展的非均衡性，1988年，邓小平提出了“两个大局”的战略构想，即沿海地区加快对外开放，较快地先发展起来，从而带动内地更好地发展，这是一个事关大局的问题。内地要顾全这个大局。反过来，沿海地区发展到一定的时候，又要求沿海拿出更多力量帮助内地发展，这也是个大局。沿海也要服从这个大局。在“两个大局”战略思想的指导下，20世纪90年代以来，随着中国现代化建设的逐步推进以及社会主义市场经济体制的建立，针对我国区域发展差距日益扩大的状况，我国区域经济非均衡发展战略开始被区域协调发展战略所替代。

1991—1998年是区域经济协调发展的启动阶段。《国民经济和社会发展十年规划和第八个五年计划纲要》提出要正确处理发挥地区优势与全国

① 刘再兴：《中国生产力总体布局研究》，中国物价出版社1995年版，第55页。

统筹规划、沿海与内地、经济发达地区与较不发达地区之间的关系，促进地区经济朝着合理分工、各展其长、优势互补、协调发展的方向前进。《国民经济和社会发展"九五"计划和2010年远景目标纲要》(简称《"九五"计划纲要》)进一步明确提出要把"坚持区域经济协调发展，逐步缩小地区发展差距"作为我国经济和社会发展必须贯彻的一条重要方针。《"九五"计划纲要》专设了"促进区域经济协调发展"部分，提出要按照"统筹规划、因地制宜、发挥优势、分工合作、协调发展"的原则，处理好全国各个地区之间的关系。中共十五大报告中也特别强调要促进地区经济协调发展，从多方面努力，逐步缩小地区发展差距。

1999—2011年是区域发展总体战略的构建阶段。1999年9月，中共十五届四中全会正式提出实施西部大开发战略。2000年10月26日，国务院在《关于实施西部大开发若干政策措施的通知》中，从整体上规定了西部大开发的重点任务和战略目标、重点区域以及增加资金投入、改善投资环境、扩大对内对外开放等国家对西部地区重点支持的若干政策措施。2003年10月，中共中央、国务院发布了《关于实施东北地区等老工业基地振兴战略的若干意见》。2004年3月，温家宝在政府工作报告中首次正式提出"促进中部地区崛起"。2006年4月，中共中央、国务院发布了《关于促进中部地区崛起的若干意见》。2006年国家"十一五"规划纲要明确提出"坚持实施推进西部大开发，振兴东北地区等老工业基地，促进中部地区崛起，鼓励东部地区率先发展的区域发展总体战略"，这也是国家首次正式提出东部地区率先发展战略。区域发展总体战略的实施，有助于形成东部、中部、西部、东北地区优势互补、相互促进、共同发展的新格局。2007年7月，国务院办公厅发布了《关于编制全国主体功能区规划的意见》，将国土空间划分为优化开发、重点开发、限制开发和禁止开发四类。要求根据不同区域的资源环境承载能力、现有开发密度和发展潜力，统筹谋划未来人口分布、经济布局、国土利用和城镇化格局。2007年10月，党的十七大报告明确提出，要继续实施区域发展总体战略，加强国土规划，按照形成主体功能区的要求，完善区域政策，调整经济布局。为了更好地促进区域协调发展，2009—2011年，区域规划密集出台，其中，2009年出台了12个、2010年出台了9个、2011年出台了16个"国家战略性"区域规划。随着区域发展总体战略的实施，各地区呈现出良好的发展态势。西部大开发在基础设施建设方面，东北地区等老工业基地在国有企业改组改制的体制机制变革方面，中部地区在承接产业转移以及发展现代制造业和服务业方面，东部地区在发展方式转变和产业结构优化升级等方面都取得了重要进展。从四大板块生产总值增长率来看，2001 年，东部、中部、西部、东北地区生产总值增长率分别为 10.12%、9.12%、9.61%、9.2%，2007 年，东部、中部、西部、东北地区生产总值增长率分别提高到 14.17%、14.07%、13.94%、14.23%。[①] 虽然中部、西部和东北地区生产总值增长率已逐步赶上东部地区，但中国经济总量和生产力布局仍不断向东部地区集中，区域(地区)发展差距依然存在。1980—2006 年，东部地区实现地区生产总值(GRP)占各地区总额的比重由 43.6%迅速提高到 55.7%；而东北地区所占比重由 13.7%下降到 8.5%；中部地区所占比重由 22.3%下降到 18.7%；西部地区由 20.4%下降到 17.1%。[②]

2012—2017 年是区域经济协调发展的全面推进阶段。2012 年 11 月，党的十八大报告明确提出要"继续实施区域发展总体战略，充分发挥各地区比较优势"和"加快实施主体功能区战略，推动各地区严格按照主体功能定位发展"。2013 年中央经济工作会议提出，要完善并创新区域政策，缩小政策单元，重视跨区域、次区域规划，提高区域政策精准性，按照市场经济一般规律制定政策。2014 年中央经济工作会议作出了中国经济进入新常态的判断，并提出了"经济新常态"的九大特征。2015 年 10 月，习近平在中央十八届五中全会第二次全体会议上提出了"创新、协调、绿色、开放、共享"的新发展理念。在经济发展新常态背景以及新发展理念的指引下，区域发展总体战略深入实施，四大板块实现了良性互动，四大地区间发展差距得到有效控制。据统计，2013—2016 年，中部和西部地区生产总值年均分别增长 8.6%和 9.1%，分别快于全国 1.4 个和 1.9 个百分点；中部和西部全社会固定资产投资分别年均增长 18.5%和 17.3%，分别比东部地区快 3.3 个和 2.1 个百分点。2016 年中、西部地区投资占全国比重分别为 26.5%和 26.1%，比 2012 年提高3.2个和 2 个百分点。东北地区与东部地区部分省市对口合作机制建立，新一轮东北振兴蓄势待发。[③] 同时，中国区域经济发展也呈现新的特征，《推动共建丝绸之路经济带和 21 世纪海上丝绸之路的愿景与行动》《京津冀协同发展规划纲要》《长江经济带发展规划

① 王磊、常黎:《国家"十一五"规划纲要城乡和区域协调发展任务实施进展》,《经济研究参考》2009 年第 50 期。

② 魏后凯:《中国国家区域政策的调整与展望》,《发展研究》2009 年第 5 期。

③ 《供给侧结构性改革深入推进　转型升级步伐持续加快——党的十八大以来经济社会发展成就系列之二》,国家统计局,2017 年 7 月 28 日。

纲要》等相继出台，“一带一路”建设、京津冀协同发展、长江经济带发展成效显著，区域发展协调性增强。

2017年至今是新时代区域协调发展质量逐步提升阶段。2017年10月，习近平在党的十九大报告中指出，要加大力度支持革命老区、民族地区、边疆地区、贫困地区加快发展，强化举措推进西部大开发形成新格局，深化改革加快东北地区等老工业基地振兴，发挥优势推动中部地区崛起，创新引领率先实现东部地区优化发展，建立更加有效的区域协调发展新机制。同时还提出了以城市群为主体构建大中小城市和小城镇协调发展的城镇格局，加快农业转移人口市民化；以疏解北京非首都功能为“牛鼻子”推动京津冀协同发展，高起点规划、高标准建设雄安新区；以共抓大保护、不搞大开发为导向推动长江经济带发展等若干协调区域发展的重要战略任务。党的十九大报告明确提出的区域协调发展若干战略举措，为新时代区域协调发展提供了行动指南。为全面落实区域协调发展战略各项任务，促进区域协调发展向更高水平和更高质量迈进，2018年11月，中共中央、国务院出台了《关于建立更加有效的区域协调发展新机制的意见》（简称《意见》）。《意见》指出，实施区域协调发展战略是新时代国家重大战略之一，是贯彻新发展理念、建设现代化经济体系的重要组成部分。到2020年，要建立区域战略统筹机制、基本公共服务均等化机制、区域政策调控机制、区域发展保障机制等与全面建成小康社会相适应的区域协调发展新机制，并在完善市场一体化发展机制、深化区域合作机制、优化区域互助机制、健全区际利益补偿机制等方面取得新进展。2017年以来，围绕新时代区域协调发展的若干战略任务，我国区域经济发展在质量提升、协调机制建设、协调路径完善等方面取得更加突出的进展。第一，我国区域协调发展的路径更加清晰，已从单个区域转向多区域、跨区域协同发展，逐步实现了从南到北、从西到东全方位覆盖。第二，京津冀协同发展在疏解北京非首都功能、高标准建设雄安新区等方面取得突出进展。北京细颗粒物（$PM_{2.5}$）年平均浓度和中心城区高峰时段平均交通指数均有所下降；雄安新区不断加大改革力度、理顺新区管理体制，新区规划建设已从顶层设计、规划编制转向实质性建设阶段。第三，长江经济带以创新引领产业转型升级，自主创新能力、对外开放水平持续提升，为高质量发展汇聚了强大动力。第四，2014年至2016年粤港澳大湾区生产总值实现“三连增”。2017年，粤港澳大湾区生产总值达101843亿元（约合1.5万亿美元），进一步实现了“四连增”。随着《粤港澳大湾区发展规划纲要》的出台，粤港澳大湾区作为新时代推动形成全面开放新格局的新尝试，在国家经济发展、对外开放以及推动高质量发展和建设现代化经济体系新引擎等方面发挥着重要的支撑引领作用。第五，全球积极响应和参与“一带一路”倡议。经过五年的实践，“一带一路”建设从理念、愿景转化为现实行动，我国已经成为多个“一带一路”沿线国家最大的贸易伙伴。当前，我国正在推动共建“一带一路”向高质量发展转变。

二、新中国成立70年区域经济发展的历史经验与启示

回顾新中国成立以来我国区域经济发展的演进历程，可以总结出丰富的历史经验，并提炼出对促进新时代区域协调发展的若干启示。

（一）区域经济发展要坚持科学的发展理念

新中国成立后相当长一个时期，我国认为地区经济的不平衡是资本主义的产物，社会主义应当由国家有计划地均衡配置生产力。在这种平衡发展观的指导下，我国实施了区域经济均衡发展战略。国家向内地投入了大量资金，推动了我国中西部地区的发展，但该战略忽视了区域经济发展效益，影响了国民经济水平的整体提高，实际上追求的只是一种低水平的平衡。改革开放后，随着中共十一届三中全会的召开，党中央明确提出“社会主义的根本任务是发展生产力”的重要观点。而我国区域经济发展存在较大差异，片面追求生产力平衡发展，必然忽视经济效益的提高。社会主义的根本任务的提出使发展生产力在区域经济布局中的主导地位和区域经济发展不平衡的理念得以确立，区域经济均衡发展战略开始向非均衡发展战略转变。区域经济非均衡发展战略的实施促进了国民经济整体效率的提高，但不可避免地也带来了地区差异日益拉大的现实问题。之后，随着“两个大局”战略思想的提出、社会主义市场经济体制的逐步完善、科学发展观和新发展理念的提出，区域经济进入协调发展阶段，从协调发展战略的启动到框架构建，从全面推进到质量提升，区域协调发展的体制机制更加完善，发展质量更加优化。从区域经济发展观的演变历程可以看出，平衡发展观和非均衡发展观尽管都曾发挥过积极作用，但由于它们存在弊端，也阻碍了区域经济的协调发展。新时代的区域协调发展要坚持新发展理念，重视协调发展机制的优化，提升区域发展的新动能，向高质量发展阶段逐步迈进。

(二)区域经济发展要处理好政府与市场的关系以及中央与地方的关系

建立完善的市场机制,打破行政壁垒,消除地区封锁,构建统一、公平竞争的市场体系,促进要素流动,推动各地区比较优势的发挥,是区域协调发展的基础。在充分发挥市场作用的同时,也不能忽视各级政府的宏观调控作用。中央政府在解决区域差距、贫困和收入分配等问题上,具有市场不可替代的作用。同时,由于中国各地区资源条件、市场发育程度和经济发展水平存在差异,中央政府对区域发展进行调控时,还需要发挥地方政府在区域层面的自主调控作用。认识和解决新中国成立以来各阶段区域发展面临的问题,与能否正确认识和处理政府与市场的关系以及中央政府与地方政府的关系紧密相连。改革开放前,为恢复和发展国民经济,中国仿效苏联,建立了中央高度集权的计划经济体制。在计划经济体制下,中央政府高度集权,各经济区域没有独立的经济利益;区域经济均衡发展战略过分注重公平,忽视了市场经济运行规律,导致国民经济整体缺乏活力。市场经济体制转轨时期,区域经济非均衡发展战略过分注重效率,区域发展差距日益拉大;市场发育的不健全以及区域管理体制的不完善,导致区域市场封锁,区域冲突加剧。随着市场经济体制的完善,区域协调发展战略顺利推进。市场和政府强力联合,通过充分发挥市场在资源配置中的决定性作用、政府不断创新区域调控和治理机制、正确处理中央政府和地方政府的关系等,区域发展空间得到拓展,薄弱领域的发展后劲逐步增强,阻碍生产要素自由流动的行政壁垒被打破,大范围、跨区域的经济合作和协同发展逐步推进,在"强政府+强市场"作用下,引导区域经济逐步走向更有效率、更加公平、更可持续的良性发展轨道。

(三)区域经济发展要正确处理公平与效率的关系

公平与效率是区域经济发展战略追求的两大目标,也是处理地区发展关系的逻辑基点和基本原则。[①] 新中国成立以来,党中央在不同历史时期区域经济发展战略的制定上,对区域公平与效率目标的选择各有侧重。改革开放前我国实施的区域经济均衡发展战略,侧重于突出"公平优先"原则,这一目标取向推动了内地经济的发展,却忽视了沿海地区经济实力的发挥,因此在这种忽视效率的"公平优先"原则下实施的区域经济均衡发展

① 杨小军、何京玲:《基于公平与效率视角的我国区域经济发展战略演进》,《商业研究》2009年第5期。

战略追求的只是一种低水平的平衡。改革开放后，我国经济发展战略目标开始向“提高经济效益”转变，“公平优先”原则开始被“效率优先”取代。但在“效率优先”目标下实施的区域经济非均衡发展战略，由于片面强调效率，而忽视了公平和协调发展目标的实现，因此，虽然推动了东部沿海地区的快速发展，但引发了区域差距的持续扩大，不利于国民经济的可持续发展。实际上，公平与效率是既统一又矛盾的一对范畴，从区域经济关系考察，短期内公平与效率存在着矛盾，但是，从长期看，二者统一于经济社会的长期可持续发展。[①] 因此，制定和实施区域经济发展战略时，正确的目标取向是尽可能寻求效率与公平的有机统一。当前，新时代区域协调发展战略的推进中，既要发挥各地区比较优势，又要加强政府的宏观调控能力，打破地区之间的行政壁垒，引导生产要素跨区域自由流动。同时政府还要完善区域合作机制、扶持机制、互助机制，加大国家对民族地区、边疆地区、贫困地区的支持力度。

（四）区域经济发展要正确处理区域差距问题

区域差距是许多国家在经济发展过程中不可避免的现象。正确看待地区经济发展差距，关系国家经济发展全局和现代化目标的顺利实现。中国区域差距是在一定历史条件下形成的，解决区域差距也需要经历较长的历史时期，因此，要全面、发展地认识和处理区域差距问题并采取应对措施。我们不能消极地把区域差距的扩大完全归咎于国家发展决策的失误。虽然国家区域政策的相对倾斜是造成区域差距扩大的原因，但各地区之间要素禀赋、经济基础、市场发育程度等存在的差异也是重要因素。同时，我们也要充分认识到区域经济发展不平衡的积极和消极效应。实际上，地区之间适度的不平衡在某种程度上有利于资源在区域间有效流动，实现合理分工和优势互补，从而提高全社会的宏观经济效率。但是，超过一定限度的不平衡则会给经济、政治和社会发展带来一系列负面影响。因此，新时代推进区域协调发展要高度重视并采取有效措施缩小存在的区域差距。各地区要在协调发展目标的指引下，遵循自主合作、自由交易的市场法则，促进生产要素自由流动。国家也要完善区域发展重大规划和政策，引导地区之间的经济合作，加强对落后地区的政策支持力度。

① 郭丽：《建国后中国区域经济发展战略的嬗变——兼论区域公平与效率目标的逻辑演进》，《税务与经济》2009年第6期。

（五）科学有效的区域政策是区域协调发展战略有效实施的重要手段

区域政策是国家所有政策类型中唯一能够对经济版图产生积极的空间干预的政策手段，它不但作用于空间差异的弥合、区域发展的协调，而且能够在促进优势区域加快崛起的过程中打造提高国家竞争力的空间抓手。① 区域发展成效如何，主要取决于当时国家区域政策的内容、力度及适用范围。② 区域协调发展战略的有效实施要与国家发展战略和区域政策的调整创新联系起来。改革开放至今区域发展的实践证明，制定区域政策时充分考虑其空间层次性、差异性和依赖性，能有效地促进区域协调发展战略的顺利实施。一方面，区域政策的制定要考虑空间尺度的影响。空间尺度过大易导致政策的普适性较差；空间尺度过小则易造成政策随意化问题。另一方面，区域政策的制定要考虑空间依赖性和差异性的影响。在制定区域政策时要根据空间依赖性的特点，完善区域协调机制；同时也应注意空间差异性的存在，因地制宜地对区域发展实施分类指导。应该说，把握区域政策的合理层次，形成科学有序的空间尺度体系，注意空间差异性和依赖性的影响，对保障区域政策和区域协调发展战略的实施效果具有重要意义。

（六）重视区域发展规划在推动区域协调发展中的重要作用

区域发展规划作为对未来一定时空范围内经济、社会、资源环境等方面发展的总体部署，是国家协调发展关系与优化区域空间布局的重要公共管理政策和调控工具。新中国成立以来，我国区域发展规划经历了计划经济时期以联合选厂为基础的区域规划、改革开放初期以国土规划为特点的区域规划、20世纪90年代以城镇体系规划为特征的区域规划、21世纪初期以城市区域规划为中心的区域规划和2006年以来以区域协调发展为主要目标的区域规划等几个阶段。近十余年来，我国密集出台的一系列区域发展规划，有力地促进了区域协调发展，培育了一批支撑我国经济平稳较快发展的增长极，增强了中国经济的整体活力，提升了国家的全球竞争力。但当前区域发展仍面临艰巨的任务和挑战，由于体制机制不健全、法律保障不完善等原因，区域发展规划还不能很好地化解人民日益增长的美好生活需要和不平衡不充分的发展之间的矛盾，以及有效地解决区域差距扩大

① 孙久文、原倩：《我国区域政策的“泛化”、困境摆脱及其新方位找寻》，《改革》2014年第4期。

② 杨伟民：《发展规划的理论和实践》，清华大学出版社2010年版，第93页。

和区域无序开发与恶性竞争等诸多问题。因此，在新时代下，要完善我国区域规划制定、实施、评估和纠偏的体制机制创新框架，提高利用区域发展规划解决区域问题的实效性和精准性，更好地发挥区域发展规划在培育支撑我国区域经济平稳发展的增长引擎、激发国家经济活力、促进公共资源在地区之间的合理有效配置、解决地区发展面临的矛盾和问题、促进国民经济持续快速协调健康发展和社会全面进步等方面的重大战略导向作用。

第一章

国民经济恢复和“一五”时期区域经济均衡发展战略的实施

从国内环境看，新中国成立时，中国共产党面临的是生产力薄弱且分布不合理的现实，这种生产力布局造成了工业生产与原料产地的严重脱节，不利于新中国的大规模开发建设和社会主义的工业化。从国外环境看，新中国成立时，世界上已形成资本主义和社会主义相互对峙的两大阵营，以美国为首的西方资本主义国家对中国采取的敌视、封锁和孤立政策以及1950年6月朝鲜战争的爆发等险恶的国际政治、军事环境，使中国的国家安全受到严重威胁。新中国成立以后，随着国民经济恢复和建设的展开，中国共产党开始实施区域经济均衡发展战略，着手改变历史上形成的不合理的经济布局状况，试图平衡沿海与内地的生产力布局并巩固国防。

第一节　旧中国生产力发展不平衡的历史演变

中国人口众多，幅员辽阔，各地区在自然资源、经济社会发展条件以及人文环境等方面存在较大差异，区域经济发展的不平衡性是中国的基本国情之一。新中国成立初期的区域经济发展不平衡是在旧中国生产力畸形分布的基础上演变而来的。研究新中国成立初期的区域经济发展，必须了解旧中国生产力发展不平衡的历史演变过程。

一、1840—1894年近代工业发展与布局

第一次鸦片战争后到中日甲午战争前这一时期，西方列强纷纷侵入我

国，他们实施经济侵略的主要目的是要把中国变成他们的商品市场和原料供给地，同时建立其政治与经济侵略据点，以便更大规模地进行掠夺。当时清政府极力抵制，中国人民也极力反对外国在中国设厂，因此，西方列强侵略中国的主要形式是商品输出，而资本输出不多，还不具备在中国境内大量办厂的条件，外资活动的范围仅局限在少数通商口岸。对于清政府的官办工业和民族资本主义工业而言，在这一时期都处于萌芽状态，全国建立的工厂大多以农产品加工业为主，这些工业主要集中分布在东南地区的少数城市。上述工业分布特点的形成，主要是由于各资本主义国家可以利用通商口岸作为其进行经济侵略与军事侵略的根据地。同时，东南地区是中国最主要的茶、丝、甘蔗产地，物产丰富，人口众多，商业资本活跃，江海运输方便，经济地理位置也比较优越。对外资来说，在这些地区发展不仅可以获得原料、市场、劳动力、交通等许多有利资源，而且还可享受不平等条约所规定的特权，保障他们的工业利润。对于官办工业与民族资本主义工业来说，除了需要上述资源条件外，还由于其装备与技术等均要依赖进口，同样也无法远离东南沿海地区。因此，在这一时期，外资和民族资本经营的农产品加工业及官办的纺织工业，主要分布在东南地区。东南沿海一带的工业企业数量约占全国的70%，而且绝大部分集中在上海和广州，其余工厂主要分布在香港、汕头、厦门、福州和宁波等地。相比东南沿海地区，其他地区很少有近代工业。

二、1895—1913年近代工业发展与布局

中日甲午战争到第一次世界大战前这一时期，世界各资本主义国家纷纷进入帝国主义阶段。他们对中国进行经济侵略的主要形式由以前的商品输出变为资本输出，再加上清政府腐败无能，致使各帝国主义国家在中国大量投资建厂。这一时期外资经营的工业，在地区分布上是和各帝国主义国家的势力范围相适应的。① 具体表现是：英国资本侵入以上海为中心的东南沿海地区以及山西、河北、河南三省，发展了轻纺工业和采矿工业；德国资本侵入山东，发展了淄博煤矿以及济南、烟台等地的轻工业；俄国资本和日本资本侵入东北地区，发展了哈尔滨、大连两个工业点和抚顺、本溪等较大的煤矿。同时，在这一时期，由于上海、广州等大城市外资的加强，民族资本经营的工业遭受排挤，有一部分工业分散到中小城市。因此，在

① 孙敬之:《中国经济地理概论》，商务印书馆1983年版，第72-73页。

这一时期，外资经营的工业分布，很大程度上决定了全国工业的分布状况。一方面，全国工业大部分集中分布在以上海为中心的长江三角洲和以广州为中心的珠江三角洲等东南地区。另一方面，一部分工业开始向大城市附近的中小城市扩散以及由东南地区开始向东北地区和山东扩散。但上述工业分布变动的趋势并不明显，工业主要还是集中在东南地区，北方工业发展和东南地区相比依然较为薄弱。据统计，1895—1913 年，资本在 1 万元以上的厂矿共有 549 个，其中，上海 83 个，占 15.12％；广州 16 个，占 3％；武汉 28 个，占 5.1％；杭州 13 个，占 2.37％；无锡 12 个，占2.19％；天津 17 个，占 3.1％。

三、1914—1936 年近代工业发展与布局

第一次世界大战到第二次世界大战前这一时期，原来的俄国资本退出中国，欧美帝国主义在中国的侵略势力相对削弱，而日本帝国主义势力空前加强。在工业发展方面，这一时期，官办军用工业大为削弱，轻工业占主要地位。至 1936 年，轻工业产值占全部工业总产值的比重已达 70％。同时，在轻工业中，纺织工业发展较快。日本资本以棉纺织工业为主体，大幅增加在经济与交通地理位置十分优越的上海的经济比重。日资在上海纱厂的纱锭已扩充到 136 万枚，连同华商纱厂，上海已拥有 270 万枚纱锭。同时，在上海周边地区，由于地价低廉，而且接近蚕茧、棉花等农副产品原料产地，西方列强增加了在这些地区的投资力度，建成了以棉纺织、面粉、丝绸工业为主的无锡，以丝绸工业为特色的苏州和杭州，以棉纺织工业为主的南通、常州、常熟和宁波等一批工业城镇。这些工业城镇与上海共同组成了长江三角洲工业城镇集中区。

在这一时期，日本帝国主义除加强对上海的经济侵略以外，投资重点也开始转向东北地区，主要开采了煤、铁等矿产资源，兴办了钢铁、水电、机械和化学等工业。大连、哈尔滨、营口、本溪、抚顺、鞍山、金县（今大连市金州区）、辽阳等地也由此逐渐发展成为重要的工业城镇。至 1936 年，日本在东北地区的投资额已占其在华投资总额的 70％以上，使东北地区重工业产品产量在全国开始占有举足轻重的地位。除了侵占东北外，日本还将侵略目标指向华北地区，掠夺了棉、盐、煤、铁，发展了一些煤矿、铁矿和盐碱化工企业，但重点是并吞民族资本的工厂，发展棉纺织工业。在这一时期，工业布局的特点是由主要集聚在东南地区向北方扩散，辽、津、冀、鲁等北方沿海地区的工业迅速兴起。相比之下，华南和华中地区工业发展相对停

滞，到 1936 年，这些地区除有色金属矿石、烧碱、盐、糖、纸张和纺织品等少量产品在全国还占有一定比重外，其他工业产品大多处于无足轻重的地位。

四、1937—1949 年近代工业发展与布局

1937 年，日本帝国主义发动了大规模的侵略战争，随着战线延伸，日本国内的劳动力和资源严重不足，为此，日本提出了“以战养战”的经济侵略政策。在东北地区，重点发展了鞍山的钢铁工业、抚顺的煤炭与人造石油工业、本溪的钢铁与煤炭工业、大连的化学工业等，同时还发展了电力、采矿、冶炼、部分机械工业和以为军事服务为主的轻纺工业。在华北地区，陆续开发了中兴、大同、大汶口、阳泉、焦作、磁县和新泰等煤矿，在此基础上扩建和新建了石景山、太原、天津、唐山的钢铁工业与煤焦油化学工业，同时还建成了天津、青岛、唐山、太原等几个较大规模的工业中心。这一时期，由于一部分工厂内迁以及内地各省人口增加和抗战的需要等，国民党统治的西南、西北各省工业有所发展，而且西南各省新兴的工厂大部分集中在重庆、昆明、桂林和贵阳等几个城市。但这种工业布局是局部性的，从全国工业的分布情况来看，大部分的工业仍集中在沿海、沿江少数大城市，因为内迁的工厂并不多，而且沿海大城市如上海、天津等日本人占领的城市，仍保留着大量的工厂，且工厂数并不比西南、西北各省少。同时，日本帝国主义在东北各省新建的工厂也集中在沿海近江的城市。因此，这一时期并没有改变工业大部分集中在沿海城市这个基本情况。[①]

抗战胜利后到新中国成立前这一时期，“日本在中国的独占地位已完全垮台，日资企业全部被接收，而其他各国力量则多为日本在战争中所摧毁，帝国主义的控制力本来大大的削弱了。但由于美帝的积极侵略和国民党反动派的卖国亲美政策，造成了国民党统治区的经济，完全为美帝所支配”。[②] 在美帝国主义控制下，我国国民经济全面崩溃，国民党统治下的各个工业区普遍开始衰落，西部地区的工厂大多迁回东部沿海地区，因此，这一时期工业地区分布的变动不大，工业大部分还是分布在东南地区。

综上所述，从第一次鸦片战争爆发到新中国成立以前，旧中国工业布局演变的总趋势是由东南沿海逐渐向东北和华北地区发展。但不管是在

① 陈真:《中国近代工业史资料》(第四辑)，生活·读书·新知三联书店 1961 年版，第 96 页。

② 中国社会科学院、中央档案馆:《1949—1952 中华人民共和国经济档案资料选编》(综合卷)，中国城市经济社会出版社 1990 年版，第 37 页。

哪个时期，旧中国工业主要集中分布在沿海一带。至于广大内陆地区，无论是西部地区还是中部地区的工业都很少，还有很多地方一直都没有什么工业。

第二节　国民经济恢复时期区域经济均衡发展战略的确立与实施

面对旧中国生产力薄弱、分布不平衡的国内经济发展环境以及中国国家安全受到严重威胁的国际环境，在国民经济恢复时期，中国共产党从改变旧中国工业基础和布局状况以及巩固国防的因素考虑，开始实行优先发展重工业、集中建设内地的区域经济均衡发展战略。

一、新中国成立初期区域经济发展面临的生产力布局状况和特征

旧中国生产力的极端落后和极不合理的布局状况，给新中国生产力布局和经济结构的调整和优化以及国民经济与社会的发展带来较大影响。

（一）旧中国遗留下来的生产力总量极小且极度薄弱

第一次鸦片战争以后，帝国主义的入侵以及中国民族资本主义的缓慢发展，使旧中国具有半封建半殖民地的社会性质。半封建半殖民地经济具有如下特征：帝国主义控制中国财政经济命脉、官僚资本占统治地位、民族资本十分薄弱等。这种经济运行机制极大地阻碍甚至破坏了生产力的发展，加上连年的内外战争，使新中国在成立之初就面临社会生产力低下、生产力总量极小等困境。《一九四九年中国经济简报》指出，"中国经济这一个落后的、贫困的、带有殖民地性的情况，必然会使我们在经济恢复和建设中，遭遇到更多的困难。"①

从工农业产值来看，按当年价格计算，1949 年，全国工农业总产值仅为 466 亿元，其中农业总产值 326 亿元、工业总产值 140 亿元，工业中轻工业总产值 103 亿元、重工业总产值 37 亿元，②农业总产值、工业总产值分别占全国工农业总产值的 70％、30％（其中轻工业总产值、重工业总产值分别占

①　中国社会科学院、中央档案馆：《1949—1952 中华人民共和国经济档案资料选编》（综合卷），中国城市经济社会出版社 1990 年版，第 37 页。

②　国家统计局：《中国统计年鉴》（1983），中国统计出版社 1983 年版，第 13，16 页。

全国工农业总产值的22.1%、7.9%)。从主要工业产品产量来看(表1-1),1949年,全国钢、生铁、发电量、棉纱、原油、原煤、水泥产量分别为旧中国最高年产量的17.1%、13.2%、71.7%、73.5%、37.5%、51.6%、28.8%,这说明新中国成立之初生产力总量极小且极度薄弱,与旧中国历史上的最高产量相比还有较大差距。同时,当时中国这种极其低下的生产力水平与世界主要国家相比差距也较大,从表1-2的数据可以看出,1949年,美国、印度原煤产量分别是中国的13.63倍、1倍;发电量分别是中国的80.26倍、1.14倍;生铁产量分别是中国的199.28倍、6.56倍;钢产量分别是中国的447.72倍、8.67倍;棉布产量分别是中国的4.06倍、1.83倍;棉纱产量分别是中国的5.23倍、1.90倍。

表1-1　中国主要工业产品产量

产品名称	单位	旧中国最高年产量		1949年	1949年产量与旧中国最高年产量的比值
		年份	产量		
钢	万吨	1942	92.3	15.8	17.1%
生铁	万吨	1943	189	25	13.2%
发电量	亿千瓦时	1941	60	43	71.7%
棉纱	万吨	1933	44.5	32.7	73.5%
原油	万吨	1943	32	12	37.5%
原煤	亿吨	1942	0.62	0.32	51.6%
水泥	万吨	1942	229	66	28.8%

资料来源:根据程潞,《中国经济地理》(修订本),华东师范大学出版社1988年版的相关数据整理计算。

表1-2　1949年中国主要工业产品产量与美国、印度比较

产品名称	单位	中　国	美　国		印　度	
		产量	产量	为中国产量的倍数	产量	为中国产量的倍数
棉纱	万吨	32.7	171	5.23	62	1.90
棉布	亿米	18.9	76.8	4.06	34.6	1.83
火柴	万件	672	—	—	—	—
原盐	万吨	299	1413	4.73	202	0.68

续表

产品名称	单位	中国	美国		印度	
		产量	产量	为中国产量的倍数	产量	为中国产量的倍数
糖	万吨	20	199	9.95	118	5.90
卷烟	万箱	160	770	4.81	44	0.28
原煤	亿吨	0.32	4.36	13.63	0.32	1.00
原油	万吨	12	24892	2074.33	25	2.08
发电量	亿千瓦时	43	3451	80.26	49	1.14
钢	万吨	15.8	7074	447.72	137	8.67
生铁	万吨	25	4982	199.28	164	6.56
水泥	万吨	66	3594	54.45	214	3.24
平板玻璃	万标准箱	108	—	—	—	—
硫酸	万吨	4.0	1037	259.25	10	2.50
纯碱	万吨	8.8	355	40.34	1.8	0.20
烧碱	万吨	1.5	202	134.67	0.6	0.40
金属切削机床	万台	0.16	11.6	72.5	—	—

资料来源：根据《中国统计年鉴》(1983)和《国外经济统计资料》(1949—1978年)提供的相关数据整理计算。

(二)旧中国遗留下来的生产力发展与分布不平衡

第一次鸦片战争后，外国帝国主义、中国官僚统治者为运销货物和搜刮原料的方便，把经济据点设在中国沿海、沿江等交通便利的地方，导致了沿海与内地生产力发展与分布的不平衡。

从沿海与内地的工业发展水平来看(表1-3)，1949年，工业总产值排在前五位的省市都位于沿海地区，依次为上海35.06亿元，江苏15.16亿元，辽宁11.91亿元，山东9.45亿元，广东7.58亿元。这5个省市工业总产值占全国的比重达到了56.54%，其中上海为25.04%，江苏为10.83%，辽宁为8.51%，山东为6.75%，广东为5.41%。相比沿海地区，内地工业总产值较低，排名最后的宁夏仅为0.12亿元，占全国的比重仅为0.09%，工业总产值最高的上海约是宁夏的292倍。

表 1-3　1949 年工业总产值的地区差异

地区	工业总产值/亿元	占全国的比重/(%)	地区	工业总产值/亿元	占全国的比重/(%)
全国	140	—	河南	2.94	2.1
北京	1.70	1.21	湖北	4.79	3.42
天津	6.93	4.95	湖南	3.18	2.27
河北	6.04	4.31	广东	7.58	5.41
山西	2.17	1.55	广西	—	—
内蒙古	0.69	0.49	海南	—	—
辽宁	11.91	8.51	四川	7.31	5.22
吉林	3.77	2.69	贵州	2.14	1.53
黑龙江	7.53	5.38	云南	1.86	1.33
上海	35.06	25.04	西藏	—	—
江苏	15.16	10.83	陕西	2.77	1.98
浙江	5.56	3.97	甘肃	1.31	0.94
安徽	3.40	2.43	青海	0.19	0.14
福建	—	—	宁夏	0.12	0.09
江西	2.14	1.53	新疆	0.80	0.57
山东	9.45	6.75			

资料来源：根据《全国各省、自治区、直辖市历史统计资料汇编》(1949—1989)相关数据整理计算。全国工业总产值按当年价格计算，山西工业总产值按 1980 年不变价格计算，内蒙古、江苏和广东工业总产值按 1957 年不变价格计算，其他地区工业总产值均按 1952 年不变价格计算。

从沿海与内地的工业分布来看，一方面，近代工业畸形集中在东北和东部沿海地区，其中沿海地区的纺织、钢铁、煤炭、电力和主要机械工业占到全国的 80%～90%。另一方面，沿海各地和内陆各地的工业发展也不平衡。在沿海各地，东北和关内沿海六省的工业集中于少数城市。东北工业偏集于辽宁，特别是沈阳、抚顺、鞍山、本溪、大连 5 个城市。关内工业偏集于上海、南京、无锡、天津、北京、青岛、广州等 7 个城市。其中，以上海为中心，包括无锡、镇江、南京、南通、杭州等城市的长江三角洲集中了占全国半数以上的纺织、面粉、卷烟、火柴、蛋品加工等轻工业；以天津为中心，包括北京、塘沽、唐山、秦皇岛的北宁铁路沿线，以及以青岛为中心，包括潍坊、淄博、济南的胶济铁路沿线，也都建立了纺织、食品、煤炭、铁矿等企业；南部沿海的广州也是丝织业和手工艺品的制造中心。和其他沿海省市相比，浙江、福建工业极少，河北、山东、江苏、广东的工业也不多。在内地和边疆地区，有限的工业也主要集中在太原、武汉、重庆等少数地区。

从农业的发展和分布来看，资本主义农业主要集中在沿海、沿江地区。通过帝国主义对中国的资本输出，在水源丰富、交通发达、生产力水平和商品化程度高、具有发展大农业和商品农业有利条件的地区，逐步形成了江苏、湖北、河北的棉花产区，东北的大豆、小麦和甜菜产区，江南丘陵的茶叶产区，岭南、川南的亚热带水果产区，辽东半岛的苹果产区以及山东、河南、安徽的烤烟产区。而内地农业经济受资本主义市场的影响较小，生产力水平低下、专业化程度不高，封建农业经济和小商品生产占统治地位。在许多少数民族聚居区，没有铁路、航运、公路，交通不便，人烟稀少，地区间交换的牧业产品的数量极少，基本上仍处在落后的原始牧业经济状态。

从交通基础设施的分布来看，沿海地区交通运输发展较快，而内地极为落后。铁路、水运、公路、航空干线主要集中在东部地区。京广线以东及东北地区铁路长度为全国铁路总长度的94%。内地尤其是边疆地区交通落后，不少地区处于肩挑人抬或依靠畜力运输的原始阶段。[①] 到1949年，已修筑的2.18万公里铁路主要分布在东部地区。东北与华北地区面积占全国22%，而铁路长度占全国65%以上；西南和西北地区面积约占全国60%，但铁路长度仅占全国6%；华东、华中与华南地区，面积约占全国18%，铁路长度占全国29%。[②] 从各地区铁路的发展情况来看，东北地区初步形成了铁路网，华北地区仅有部分铁路干线，华东、华中、华南地区铁路干线尚未完备，福建是沿海唯一没有铁路的省份，西部的四川、贵州、西藏、甘肃、宁夏、新疆、青海等7个省份没有铁路。

(三)工业生产原料产地、燃料产地和产品销售地相互脱节

旧中国工业畸形集中在上海、天津、青岛、广州、沈阳、大连等少数城市，严重脱离原料产地、燃料产地，远离国内的消费市场，造成了原料、燃料和产品的大量对流运输。如全国工业集中的上海市以及江、浙两省，缺煤少铁，农副产品原料也远远不能满足需要，棉纺织工业所需用的棉花80%

① 翟忠义：《中国经济地理》，天津人民出版社1988年版，第33-34页。

② 程潞：《中国经济地理》(修订本)，华东师范大学出版社1988年版，第51页。

依靠进口，其余需从陕西、河南、河北等省调入大量原棉。上海面粉工业所用的小麦40%～50%靠进口，其余来自全国各地；山西的煤矿、铝土矿，湖北、安徽的铁矿，江西的钨矿，湖南的锑矿等，由于当地缺少加工能力，多以原矿石大量向外输出；西南地区虽然富有蚕茧、油料等农业原料，但相关的加工工业都极少，不能就地加工，大部分必须输往地区外，而本地区所需要的日用工业品却大都从地区外购买。[①] 原料产地、燃料产地和产品销售地相互脱节，严重阻碍了内地资源的开发利用，使内地极少的加工工业更加衰落；加重了沿海地区工业对国外资本的依赖性，使工业生产基础更加脆弱；不合理的对流运输浪费了大量的社会劳动力，增加了运输成本，加重了消费者的负担。

(四)生产力布局网络和体系远没有形成

由于旧中国工业长期被帝国主义控制及官僚资本垄断，加之封建势力的阻挠，造成了生产力总体水平落后、重工业极不发达、轻工业多以初级农产品加工业为主、产业链条极短等诸多问题，加上工业中心又偏集于东北地区和上海，交通运输业也极端落后，因此，各地和各产业之间缺乏有机联系和适当配合，生产力布局呈离散式点状分布态势。例如，原盐工业以海滩晒盐为主；卷烟工业集中在上海、青岛等沿海城市，烤烟的种植、收购与复烤集中在山东潍坊、安徽凤阳、河南许昌三地；纺织工业中70%左右的棉纺锭集中在上海、青岛和天津，约75%的毛纺锭集中在上海；石油工业仅有甘肃玉门老君庙、新疆独山子、陕西延长等3个小油田，四川圣灯山、四川石油沟等2个小气田和辽宁抚顺的2个页岩油厂；煤炭工业仅有由英美资本经营多年的开滦煤矿和在东北地区的由日本资本经营的为鞍钢服务的几个中型煤矿；电力工业主要集中在上海等沿海城市。电网，仅在东北地区有几条15.4万伏与1条22万伏的输电线路；化学工业主要分布在上海、南京、天津、青岛、大连等城市，仅有8个中型化工厂和若干个手工作坊。上海等城市仅能生产少量橡胶制品，而橡胶原料全靠进口。有机化学工业在全国则是空白；机械工业主要分布在上海、天津、青岛、沈阳、大连等城市，但大都是只能生产小型电机、电扇、老式机床等的中小型机器厂；钢铁工业仅有年产量从未超过4万吨的鞍钢(由1890年张之洞为修铁路而兴建的汉阳铁厂所发展成的汉冶萍公司以及日本“满铁”留下的鞍钢)。此

① 翟忠义、李树德：《中国人文地理学》，山东教育出版社1991年版，第132-133页。

外，太原、重庆有些小厂，产量少又不稳定。[①] 上述生产力布局的离散式点状分布态势，阻碍了生产力布局网络和体系的形成，同时也制约了沿海地区的经济发展，影响了国民经济结构优化和整体效益的提高。

二、新中国成立初期区域经济发展面临的国际环境

第二次世界大战后，德、意、日被彻底打垮，沦为战败国，领土被战胜国占领或分割；英国虽赢得战争却输尽财富，负债累累，从战前世界事务的领导地位跌落下来，降为资本主义世界的二等国家；法国在战争中沦陷，国际地位一落千丈；唯独远离欧洲战场的美国，在战争中大发横财，成为世界头号经济、军事强国。另外，苏联尽管在第二次世界大战中遭受重大损失，但其经济和军事实力空前强大，成为第二次世界大战后唯一能与美国相抗衡的政治、军事大国。由此，世界形成美苏两极争霸格局，也形成了以美国为首的资本主义阵营和以苏联为首的社会主义阵营。以美国为首的资本主义阵营采取冷战政策，实施除战争以外的一切敌对活动和对抗形式，对苏联等社会主义国家进行遏制。在政治上，资本主义阵营竭力推行侵略扩张政策，妄图孤立社会主义国家。在军事上，资本主义阵营组成军事集团，建立军事基地，妄图对社会主义国家进行包围。在经济上，资本主义阵营采取经济封锁的手段，妄图把社会主义国家扼杀在摇篮中。

在两极对峙的冷战局势下，随着中国共产党领导的中国革命的胜利，苏联表示在政治和经济上支持中国，而美国对中国共产党则采取敌视态度。在这种国际环境下，1949 年 6 月，毛泽东在《论人民民主专政》一文中首次提出了“一边倒”的外交政策，即站在社会主义阵营一边，全力争取苏联的理解和支持，反对美国的侵略扩张，为社会主义和平建设争取有利的国际环境。“一边倒”政策将我国推进了冷战氛围中。以美国为首的西方资本主义阵营，妄图从政治、军事、经济等各方面采取措施，千方百计地想把新中国扼杀在摇篮里。在经济上，美国对中国采取了“封锁”和“禁运”政策。尤其是朝鲜战争爆发后，美国对中国的“禁运”迅速升级。1950 年 12 月 28 日，美国悍然宣布管制中国在美国的全部公私财产，并禁止一切在美国注册的船只开往中国。1951 年 5 月 18 日，美国又操纵联合国大会通过《实施对中国禁运的决议》，强迫与会各国参照美国对华禁运的货单，向中国禁运武器、弹药、战争用品、原子能材料、石油及具有战略价值的运输器

① 刘再兴：《中国生产力总体布局研究》，中国物价出版社 1995 年版，第 4-5 页。

材等，品种多达1700多种。[①] 1951年8月，美国国会通过了《巴特尔法案》，以停止美援来挟持其他所有接受美援的国家对中国进行禁运。西方国家对中国的全面封锁和禁运，限制了中国许多产品的出口、必备技术的引进以及工业设备和原料的进口，使新中国的对外贸易受到严重影响，导致沿海地区经济优势无法正常发挥，沿海地区发展外向型经济遭受挫折，新中国成立之初工业布局过分集中于东部沿海地区的状况必将发生改变。

同时，朝鲜战争爆发后，美国对中国实行军事包围，中国国家安全受到严重威胁。面对紧张的国际局势，中国政府更加充分地认识到优先发展重工业、加强战略后方建设、巩固国防的重要性。抗美援朝中，中共中央制定了"边打、边稳、边建"的方针，确立了加强战略后方基地建设的思想。在这一指导思想下，面对敌机对沿海工业城市的狂轰滥炸，中共中央决定对重要工业和军工企业进行战略转移，将物资向战略后方搬迁和转移。1950年11月，中财委对沿海地区的物资疏散作出全面部署，指出，国家在沿海所存重要战略物资，如五金器材、电解铜、橡胶料子等应全部向内地搬。[②] 依据上述指示精神，政务院有关部门和沿海各省、市人民政府，对沿海重要的工矿企业和战略物资进行了转移疏散。关于沿海地区物资、工厂的搬迁问题，1950年11月13日，周恩来在《对关于物资与人员疏散问题提纲的批语》中指出，"物资、器材、人员的疏散，应与国家今后发展工业、发展生产、发展文化、巩固国防的计划密切联系起来，有计划、有步骤地去进行""沿海口岸所有可迁移的物资，应有计划地向内地转移。"[③]应该说，抗美援朝对我国国民经济发展和工业布局产生了较大影响。在工业布局方面，我国政府在加强战略后方建设的过程中，通过沿海物资、工厂等向内地的搬迁和转移，调整了沿海与内地的工业布局。

三、苏联生产力均衡布局理论的影响

生产力布局理论，是马克思主义共产主义学说的重要组成部分。关于社会主义国家在区域之间配置生产力的模式，恩格斯曾在《反杜林论》中首先提出地区经济要均衡布局的思想。他指出，"从大工业在全国的尽可能

① 中共中央党史研究室：《中国共产党历史 第二卷(1949—1978)》(上册)，中共党史出版社2011年版，第120页。

② 《中华人民共和国国民经济动员史》编写组：《中华人民共和国国民经济动员史(1949—1978)》，军事科学出版社2014年版，第76页。

③ 中共中央文献研究室、中央档案馆：《建国以来周恩来文稿》(第三册)，中央文献出版社2008年版，第493-494页。

均衡的分布是消灭城市和乡村的分离的条件这方面来说，消灭城市和乡村的分离也不是什么空想。"[①]列宁和斯大林进一步把马克思主义关于生产力布局理论付诸实践。列宁曾把生产力分布问题看作是振兴俄国经济的重要内容，他提出了"普遍高涨"这一概念，认为"经济和政治发展的不平衡是资本主义的绝对规律"，[②]社会主义经济发展应当"普遍高涨"。后来斯大林针对当时苏联只集中力量发展具有全国意义的大型工业，而忽视发展地方中小型工业的问题，在总结苏联社会主义生产力布局的理论和实践经验的基础上，在联共(布)十四大的政治报告中指出，我们决不能只集中力量发展全国性的工业，因为全国性的工业不可能满足1.4亿人民各种不同的口味和需求。为了能够满足这些需求，必须使每个区、每个专区、每个省、每个区域、每个民族共和国的生活，即工业生活沸腾起来。[③] 斯大林认为，如果不发挥各个地方在经济建设方面的潜力，不把中央的利益同各个地方的利益结合起来，就不能发挥各个地区建设的主动性，不能尽快实现国家工业化，不能实现经济建设的"普遍高涨"。

马克思列宁主义经典作家提出的"均衡分布"和"普遍高涨"等概念，主要是指各地区要从本地的实际出发，充分合理地发展生产力，通过生产力的均衡布局尽可能地缩小地区差别。针对地区经济发展不平衡的基本国情，均衡布局模式成为指导社会主义经济建设布局的重要指导思想。苏联地理学界和经济学界对社会主义国家生产力均衡布局理论进行了具体阐释。1954年，苏联科学院经济研究所教授费根归纳了社会主义生产力布局的7条原则：有计划地在全国配置生产，以便最大限度地吸引各地区及其自然资源与劳动资源参与社会主义扩大再生产；在将全国利益和各加盟共和国利益相结合的基础上，保证将各民族共和国的经济、文化提高到国内先进地区的水平；尽可能使工业接近原料产地和产品消费区，以缩短过度远程运输和各种不合理运输；在各经济区和共和国之间进行有计划的经济分工，促进各经济区的经济专业化与综合发展；在全国正确配置生产力的基础上加强国防力量；通过在全国均衡配置工业与农业的办法，实现工业和农业、城市和乡村之间的合理联系；在互助的基础上社会主义阵营各国

① 中共中央马克思恩格斯列宁斯大林著作编译局：《马克思恩格斯选集》(第三卷)，人民出版社1995年第2版，第647页。

② 中共中央马克思恩格斯列宁斯大林著作编译局：《列宁选集》(第二卷)，人民出版社1995年第3版，第554页。

③ 商务印书馆：《列宁 斯大林论经济区划问题》，商务印书馆1959年版，第214页。

之间实行国际分工。[①]

苏联生产力均衡布局理论认为社会主义国家应该通过有计划地在地区之间均衡配置生产力来解决区域差距问题。受苏联社会主义生产力布局理论和经验的影响，针对旧中国遗留下来的生产力发展不平衡的现实国情，新中国成立以后，生产力均衡布局方式很长时间在中国区域经济建设的实践中占据主导地位。人们普遍认为，地区经济发展的不平衡是资本主义社会的特有现象，社会主义社会应该有计划地均衡配置生产力，尽快地消除地区间、城乡间和各族人民间的经济不平等或经济差别。应该说，苏联生产力均衡布局理论对新中国成立之初中国共产党开始实施重视内地建设、平衡沿海与内地生产力布局产生了较大的影响。

四、国民经济恢复时期区域经济均衡发展战略的确立与实施

新中国成立初期，中国共产党面对的是生产力落后、经济基础薄弱且分布不合理的现实，这主要是因为中国近代工业大多受外国资本控制，生产力主要集中于对外贸易方便的东北地区和东南沿海地区，而面积广大、资源丰富的内地和边疆少数民族地区则很少有像样的工业。这种生产力布局造成了工业生产与原料产地的严重脱节，工业分布与资源分布不相适应，不利于新中国的大规模开发建设和社会主义的工业化发展。同时，由于过去长期的战争，国民经济遭受严重破坏，国家财政经济困难，旧中国留下的经济发展的畸形状态也亟待消除。在这个时期，由于抗美援朝的需要，国防经费占了国家财政支出相当大的部分，经济建设费占的比重不大，直到 1952 年才超过国防经费占的比重。因此，当时不可能进行大规模的经济建设，主要任务是调整和恢复经济，在工业建设方面，也是以现有工业为主进行调整和恢复。

1950 年 8 月下旬，中财委召开计划会议。会议讨论了编制 1951 年计划和三年奋斗目标的问题，提出经济战线在今后两三年内的主要任务是搞好经济的调整与恢复，同时进行一些必要的建设，并为将来大规模的经济建设作好准备。[②] 会议认为，对工业的恢复不是盲目的，而应该根据合理的经济原则，在调整中进行恢复。要求在三年内必须做好以下几项工作：组织生产过去依赖外国供应的原材料，如火柴、造纸和军工所需的化工原料；

① 费根：《资本主义与社会主义的生产配置》，生活·读书·新知三联书店 1957 年版，第 160-162 页。

② 中共中央文献研究室：《陈云年谱》（中卷），中央文献出版社 2000 年版，第 63 页。

改变工业生产过分集中于沿海地区的不合理现象，将一部分工厂适当迁移到接近原料产地、销售市场的地区；根据产销平衡的原则，合理安排工业各部门的生产；对某些不合理的同类的大小工厂应适当地组织合并；安排生产时应贯彻鼓励先进、淘汰落后的原则；在全国范围内进行技术人员和工人的调整，以适应工业建设的需要。[①] 同年，中财委《关于制定一九五一——一九五五年度恢复和发展中华人民共和国人民经济国家计划方针的指示（草案）》中强调，在编制五年计划时，必须"规定新建事业在全国的正确分布""力求今后全国工业的平均分布，并消除个别大行政区和省份片面的、纯农业性的发展""在五年期内，应在北京、太原、兰州和西安地区建立新的工业中心，以及大量加强华中南区各主要都市——重庆、武汉和长沙的工业发展。禁止在工业发达的中心地，如上海和天津，今后再行建设大规模的企业，以便在可能范围内将新兴的工业建设向内地转移，使之靠近原料、电动力、燃料的来源和产品推销区域。"[②]这些计划方针表明了新中国成立初期中国共产党试图扭转沿海与内地不均衡布局的决心，也标志着区域经济均衡发展战略的开端。

根据上述政策思想，在国民经济恢复时期，与以调整和恢复既有工业为主、有重点地进行建设的方针相适应，并且为了节约资金，工业基本建设以恢复、改建为主，新建为辅。1952 年，恢复和改建的投资约占全部投资的 3/4，新建的投资约占 1/4。1950—1951 年，前者的比重更大，后者的比重更小。[③] 与以后的各个计划时期相比，1949—1952 年国民经济恢复时期国家对工业的恢复和改建的投资比重是最高的，新建的投资比重是最低的。关于工业的恢复和改建，在国民经济恢复时期，从国防安全和调整工业布局等因素考虑，国家重点恢复和发展了与国防建设密切相关的重工业，恢复和发展了一些地区的水利和交通基础设施建设，加强了东北地区工业的恢复和发展，从沿海搬迁了一些工厂到内地，同时还在内地兴建了一些工业部门。

第一，面对半殖民地半封建的旧中国留下的"轻工业比重大、重工业比重小"这一畸形的工业结构，同时考虑到朝鲜战争爆发后加快发展国防工业的重要性，这一时期基本建设投资在国民经济各部门之间以及各地区之

① 郑志昌、陈守林、陈凤清等：《新中国工业大事纪略》，中共四平市委党校 1989 年版，第 12 页。

② 中国社会科学院、中央档案馆：《1949—1952 中华人民共和国经济档案资料选编》（基本建设投资和建筑业卷），中国城市经济社会出版社 1989 年版，第 11-12 页。

③ 汪海波：《中国现代产业经济史》，山西经济出版社 2006 年版，第 62 页。

间的分配都贯彻了重点配置的原则，恢复和发展重工业成为重点。同时，为了实现社会主义工业化，在重点恢复重工业的同时，也需要恢复轻工业。在国家基本建设投资的分配上，1950—1952 年，特别是 1951 年和 1952 年，重工业投资占 70%以上，轻工业投资占 20%以上。应该说，在国民经济恢复时期，较好地处理了轻、重工业两方面的关系。

第二，这一时期，在地区投资重点上，恢复和发展工业的重点地区是东北地区。表 1-4 显示了 1951 年工业基本建设工作总量在各区域的分布情况。可以看出，东北地区工业部门、生产手段生产部门、生活资料生产部门的工作总量均高于其他地区。这主要是因为东北地区的近代工业、农业比较发达，自然资源丰富。据统计，1943 年，东北地区煤的产量占全国的 49%，生铁产量占 87%，钢材产量占 93%，电力占 78%，铁路线占 42%。东北地区农业发展也比较好，如 1938 年大豆产量占全国的 51%。东北地区自然资源也很丰富，如新中国成立前全国铁矿储量约 68 亿吨，其中 80% 以上集中在东北地区。[①] 因此，重点恢复和发展东北地区的工业，对该地区以及全国工业的恢复和发展是非常有利的。在工业基本建设投资方面，1950—1952 年，全国累计完成的投资总额中，有一半多投到了东北地区。与 1951 年相比，1952 年东北地区实际完成的工业基本建设投资增长了 211.5%，新增的工业固定资产增长了 114.5%。[②] 对东北工业的重点投资促进了该地区工业的恢复和发展，在技术装备、技术力量和原材料等方面也为国内其他地区工业的恢复和发展创造了有利条件。

表 1-4　1951 年工业基本建设工作总量的区域分布

部门	全国	东北	华北	华东	中南	西南	西北
工业部门	100	40.3	21.2	3.3	11.1	7.0	17.1
生产手段生产部门	100	44.6	20.3	3.9	8.3	8.8	14.1
生活资料生产部门	100	27.9	23.5	1.7	19.2	1.9	25.8

资料来源：中国社会科学院、中央档案馆，《1949—1952 中华人民共和国经济档案资料选编》（基本建设投资和建筑业卷），中国城市经济社会出版社 1989 年版，第 262 页。

① 中国社会科学院、中央档案馆：《1949—1952 中华人民共和国经济档案资料选编》（基本建设投资和建筑业卷），中国城市经济社会出版社 1989 年版，第 968 页。

② 中国社会科学院、中央档案馆：《1949—1952 中华人民共和国经济档案资料选编》（基本建设投资和建筑业卷），中国城市经济社会出版社 1989 年版，第 1002，1004 页。

第三，在水利工程建设的恢复和发展方面，1950—1952 年三年中，国家用于水利建设的投资约 7 亿元，占预算内基本建设投资的 10%，占全部基本建设投资的 8.9%[①]。投资重点主要是受水灾较严重的淮河、沂河、沭河、永定河、大清(青)河、潮白河等流域。1950 年，全国水利工程完成土方达4.19万立方米，对全国大小河流的堤防进行了培修。1951 年，根治淮河工程正式开工，1951 年 7 月胜利完成第一期工程。1949—1952 年，苏北和山东人民修建了沂河新道和沭河新道。1952 年，荆江分洪工程完工，保障了长江中下游人民的水利安全。在治理水患的同时也开展了旱灾防治工作。引黄灌溉济卫工程部分完工，蓄水 22 亿立方米的官厅水库于 1951 年 10 月破土动工。

第四，在交通基础设施建设的恢复和发展方面，1950—1952 年，国家预算内投资用于交通运输建设的共 17.7 亿元，占同期国家预算内总额的 26.7%，占同期全部基本建设投资的 22.6%[②]。三年内，修复原有铁路 8000 多公里。在西南新建了来睦线(广西的来宾到睦南关)、成渝线(成都到重庆)、天兰线(甘肃的天水到兰州)，在西北兴建了宝成线(陕西宝鸡至四川成都)、兰新线等铁路干线。同时，还修复了 600 公里已废弃的旧线。到 1952 年年底，全国铁路通车里程达 24518 公里，超过中华人民共和国成立前最高年份约 10%。除了修复铁路外，还进行了公路、航运的恢复和建设。在公路方面，在交通不发达的地区新建了公路 3846 公里，主要有分布在西南的康藏线、青藏线，西北的兰新线、西宁黄河沿线。在航运方面，1952 年 10 月塘沽新港胜利开港，对华北以及西北地区的物产运往东北、华东、华南地区提供了便利。经过三年的恢复和建设，全国公路通车里程由 1949 年的 80768 公里增加到 1952 年的 126675 公里。

第五，在改建和新建工业项目方面，国家在陕西、山西、甘肃、四川、新疆等地新建了钢铁、煤炭、电力、机械制造工业和有色金属采矿业等；在关中地区、华北平原、中原地区新建了印染厂等纺织企业以及卷烟、印刷、食品等轻工业部门。

经过国民经济恢复时期，旧中国生产力薄弱以及主要集中于沿海地区的状况得到初步改变。第一，工业生产得到较快恢复和发展。按 1952 年

① 《当代中国的基本建设》编辑委员会：《当代中国的基本建设》(上)，当代中国出版社、香港祖国出版社 2009 年版，第 10 页。

② 《当代中国的基本建设》编辑委员会：《当代中国的基本建设》(上)，当代中国出版社、香港祖国出版社 2009 年版，第 11 页。

不变价格计算，工业总产值从1949年的140亿元上升为1952年的349亿元，1952年比1949年增长1.49倍，年均增长35.5%。第二，工业结构发生较大变化。从轻重工业的比重来看，1949—1952年，轻工业产值由103亿元增加到225亿元，增长了1.18倍，轻工业产值占工业总产值的比重由73.6%下降到64.5%；重工业产值由37亿元增加到124亿元，增长了2.35倍，重工业产值占工业总产值的比重由26.4%上升到35.5%。第三，沿海与内地工业产值的比重得到初步调整。按1952年不变价格计算，1949—1952年，沿海工业产值由100.2亿元增加到243.2亿元，增长了1.43倍，沿海工业产值占工业总产值的比重由71.5%下降到70.8%；内地工业产值由40亿元增加到100.1亿元，增长了1.5倍，内地工业产值占工业总产值的比重由28.5%上升到29.2%。①

第三节　“一五”时期区域经济均衡发展战略的实施

尽管经过三年国民经济恢复，沿海地区与内地工业产值比重得到初步调整，但我国沿海地区与内地工业发展和布局不平衡的态势依然未得到根本改观。据统计，1952年，我国沿海各省的工业产值约占全国工业总产值的70%，其中钢铁厂80%在沿海（主要在鞍钢），纺织厂70%在上海、天津、青岛三市。1953—1957年，我国执行了发展国民经济的第一个五年计划。出于国防安全、区域经济均衡发展、充分利用现有工业基础等多种因素考虑，按照“一五”计划的战略部署，“一五”时期，我国集中主要力量进行了以苏联帮助设计的156个建设项目为中心，由限额以上的694个建设单位组成的工业建设。并按照有计划地、均衡地在全国布置工业的指导方针，在全国各地区适当地分布工业生产力，改变了区域工业布局不合理的状态，提高了落后地区的经济水平，为我国社会主义工业化奠定初步基础。

一、“一五”计划的编制与均衡合理布局生产力的战略部署

1951年2月，中共中央政治局扩大会议上决定自1953年起实施第一个五年计划，试图通过制定五年计划来全面启动新中国的工业化进程，从整体上对全国的生产力布局进行规划。

① 汪海波：《中国现代产业经济史》，山西经济出版社2006年版，第65-66页。

“一五”计划从1951年开始，到1955年公布，共编制了5次。1952年，中共中央政治局扩大会议决定成立以周恩来、陈云、薄一波、李富春、聂荣臻、宋劭文6人为成员的五年计划编制工作领导小组，具体工作由中财委负责。1952年下半年，在国民经济恢复任务基本完成的情况下，中共中央决定加快“一五”计划的编制工作。1952年7月初，在周恩来的直接领导和陈云的亲自主持下，“一五”计划轮廓草案基本完成。它包括《关于编制五年计划轮廓的方针》《中国经济状况和五年建设的任务（草案）》等文件。该轮廓草案提出了五年计划的基本任务、方针和五年建设的布局。其中关于五年工业建设的布局，草案指出，要有利于国防和长期建设，并且与目前实际情况相结合，因此要充分利用东北及上海的工业基础，并继续培养与充分利用这些工业基础与技术条件，为建设新厂矿、新基地创造条件。1952年8月15日，周恩来、陈云、李富春携带“一五”计划的轮廓草案赴苏，在苏期间，斯大林对草案提出了一些原则性意见。

为继续编好“一五”计划，1952年12月，中共中央发出《关于编制一九五三年计划及长期计划纲要的指示》。1953年初，中财委会同国家计委、中央各部和各大区，在大量搜集资料的基础上，对原计划轮廓草案进行了修改充实。1953年6月，中共中央要求国家计委参考苏联提出的意见，对五年计划纲要再作修改。在这种情况下，1954年初，中共中央决定成立以陈云为组长的编制五年计划纲要草案八人工作小组（成员有陈云、高岗、李富春、邓小平、邓子恢、习仲勋、贾拓夫、陈伯达），开始编制详细具体的“一五”计划草案。1954年2月19日，陈云召集中央财经、文教各部部长会议，布置编制“一五”计划的工作。1954年4月，陈云整理完成《中华人民共和国发展国民经济的第一个五年计划草案（初稿）》。1954年8月，在陈云和李富春的主持下，八人工作小组接连举行17次会议，对草案进行了讨论和修改。1954年9月，八人工作小组将修改后的草案送毛泽东审阅。1954年10月，毛泽东、刘少奇、周恩来共同审核该草案。1954年11月，陈云主持召开中共中央政治局会议，仔细讨论“一五”计划的方针任务、发展速度、投资规模、工农业关系、建设重点和地区布局，又提出了许多修改意见和建议。1955年3月，党的全国代表会议专门讨论并原则通过了这个计划草案。会后，中共中央根据会议讨论意见作出适当修改，之后将草案提交国务院。第一届全国人民代表大会第二次会议审议并正式通过了国务院提交的“一五”计划草案。

关于沿海与内地的经济布局问题，历时5年、几易其稿的“一五”计划明确指出，我国工业原来畸形地偏集于一方和沿海的状态，在经济上和国防上都是不合理的。我们的工业基本建设的地区分布，必须从国家的长远利益出发，在全国各地区适当地分布工业的生产力，使工业接近原料、燃料产地和消费地区，并适合于巩固国防的条件，来逐步地改变工业分布不合理的状态。关于在各地区如何适当分布的问题，“一五”计划作了合理部署：一方面，要合理地利用东北、上海和其他城市的工业基础，发挥它们的作用，以加速工业的建设。最重要的是要在第一个五年计划期间基本上完成以鞍山钢铁联合企业为中心的东北工业基地的建设，使这个基地能够更有能力地在技术上支援新工业地区的建设。另一方面，要积极地进行华北、西北、华中等地新的工业基地的建设，以便第二个五年计划期间在这些地区分别组成以包头钢铁联合企业和武汉钢铁联合企业为中心的两个新的工业基地。同时，也要在西南开始部分的工业建设，并积极地准备新工业基地建设的各种条件。这一关于工业基本建设的重要部署使“一五”时期地区生产力布局方针得到了基本明确。

二、“一五”时期均衡合理布局生产力的基本原则与具体实施

按照“一五”计划对工业布局的战略部署，“一五”时期，我国按照均衡发展沿海与内地、有利于巩固国防安全、适当集中与适当分散、尽可能接近原料和燃料产地、有利于改变少数民族地区经济的落后面貌、与城市和区域规划工作相结合等生产力布局的基本原则，均衡合理地进行了工业布局。

（一）按照均衡发展沿海与内地的原则进行工业布局

根据“一五”计划对工业基本建设布局的战略部署，按照均衡发展沿海与内地的原则，我国的工业布局在全国范围内迅速展开。694 个大中型建设项目中，有 472 个分布在内地，222 个分布在沿海地区。就苏联援建的项目而言，主要配置在东北地区、中部地区和西部地区。“一五”期间建设的 150 项中有 106 个民用工业企业，其中，布置在东北地区 50 个，中部地区 32 个；44 个国防企业中，布置在中部地区和西部地区 35 个，其中有 21 个安排在四川、陕西两省。①在具体建设项目安排上，一方面，改建、扩建了以鞍钢为中心的东北工业基地。在原有重工业比较发达的东北地区，还进行了以冶金、煤炭、电力、机械制造工业为中心的大规模改建、扩建和新建。

① 薄一波：《若干重大决策与事件的回顾》（上），中共党史出版社 2008 年版，第 209-210 页。

表 1-5 显示，1953—1957 年，东北地区工业建设投资比重为 38.3%，该地区 1957 年工业建设投资是 1953 年工业建设投资的 1.46 倍。另一方面，建设了以武钢为中心的华中工业基地和以包钢为中心的华北工业基地，在西北、西南地区也开展了部分工业建设。表 1-5 显示，1953—1957 年，华中、华北、西北、西南地区工业建设投资比重分别为 9.2%、18.6%、11.9%、6.3%。四个地区 1957 年工业建设投资分别为 1953 年的 4.41、2.98、5.38、2.30 倍。同时，为了加强内地建设，沿海地区还将一些企业迁往内地，并向内地输送了大量技术工人。如上海陆续将 272 家轻工、纺织企业迁往河南、河北、陕西、湖南、甘肃等内地省份，先后组建了 7 个设计、施工、安装公司，选派 2.38 万工程技术员、8.21 万技术工人到内地的厂矿企业工作。[①] 通过在全国各地区适当地分布工业生产力，改变了我国工业原来畸形地偏集于沿海的状态，推动了内地经济的迅速发展，初步形成了沿海与内地生产力均衡布局的基本框架，为我国工业化奠定了初步基础。

表 1-5　“一五”时期各地区工业建设投资分布

地区	五年合计投资额/百万元	比重/(%)	1953 年投资总额/百万元	1957 年投资总额/百万元
华北	4641	18.6	449	1340
东北	9530	38.3	1355	1980
西北	2967	11.9	189	1017
华东	3245	13.0	346	1166
华中	2281	9.2	201	887
华南	657	2.6	39	269
西南	1571	6.3	227	521

资料来源：中国社会科学院、中央档案馆，《1953—1957 中华人民共和国经济档案资料选编》(固定资产投资和建筑业卷)，中国物价出版社 1998 年版，第 300-301 页。

(二)按照有利于巩固国防安全的原则合理进行工业布局

工业布局不仅要遵循经济规律的要求，而且要考虑国防安全、遵守国防原则。

1952 年 9 月，中财委在《关于编制五年计划轮廓的方针》中指出，今后五年是我国长期建设的第一个阶段，其基本任务是：为国家工业化打下基

① 高伯文：《中国共产党区域经济思想研究》，中共党史出版社 2004 年版，第 99 页。

础，以巩固国防、提高人民的物质与文化生活水平，并保证我国经济向社会主义前进。关于工业的地区分布，《关于编制五年计划轮廓的方针》指出，要将国防观点、长期建设的观点与目前实际状况结合。五年建设中，首先应该充分利用东北地区（钢铁和其他工业）及上海（特别是机械制造业）的工业基地，并继续培养与利用这些基地的工业基础与技术条件，来准备新厂矿与新基地的建立。铁路建设以沟通西南、西北、中南为主要任务，以适应国防安全条件下的国家长期建设的需要。东北地区、上海是近海、沿海地区，从国防上说并不是很安全的，但利用这些旧基地，争取工业建设的速度，也是国防上的迫切需要。工业建设的地区平衡，必须在国家长期建设中来解决，在第一个五年计划中，只能是积极发挥现有工业基地的力量，并为新的工业基地准备条件。① 1952 年 12 月，中共中央在《关于编制一九五三年计划及五年建设计划纲要的指示》中指出，"抗美援朝和国家建设必须并顾，这是我们制订计划的出发点。必须由此出发来考虑国家工业建设的投资、速度、重点、分布和比例。"②

"一五"计划在开始编制时，由于抗美援朝还未结束，按照巩固国防安全的工业布局原则，一些新建的工业企业特别是国防工业企业布置在后方地区。据统计，"一五"期间，实际进行施工的 150 个建设项目中军事工业企业有 44 个，其中航空工业 12 个、电子工业 10 个、兵器工业 16 个、航天工业 2 个、船舶工业 4 个。③ 苏联援建的这些项目，帮助我国建立了比较完整的国防工业体系和基础工业体系，奠定了我国工业化的初步基础。

（三）按照适当集中与适当分散相结合的原则进行工业布局

具有有机联系或协作关系的工业生产，在一定地域范围适当集中布置，可以产生"集聚效益"。但是，工业集中到一定的限度，超过地区的承载能力，则会向相反方向转化，导致效益下降以致产生负效益。因此应该采取面上分散、点上集中，适当集中与适当分散相结合的方针。④ 工业布局的适当集中与适当分散是社会主义工业布局的重要原则之一。"一五"计划指出，为着改变原来工业地区分布的不合理状态，必须建设新的工业基地，而首先利用、改建和扩建原有的工业基地，则是创造新工业基地的一种必

---

① 陈夕：《中国共产党与 156 项工程》，中共党史出版社 2015 年版，第 165-166 页。

② 中共中央文献研究室：《建国以来重要文献选编》（第三册），中央文献出版社 1992 年版，第 449 页。

③ 薄一波：《若干重大决策与事件的回顾》（上），中共党史出版社 2008 年版，第 209 页。

④ 梁怀：《中国经济布局概论》，中国地质大学出版社 1988 年版，第 89 页。

要条件。不论改建和扩建原有的工业基地或建设新的工业基地，企业地点的布置都应该避免过分集中，应该适当地分开安排在具有一定距离的邻近的地带。

按照工业建设布局适当集中与适当分散相结合的原则，首先，“一五”时期全国大多数的重点项目主要集中布局在沈阳、抚顺、鞍山、长春、哈尔滨、齐齐哈尔、北京、石家庄、保定、太原、包头、郑州、洛阳、西安、兰州、成都、重庆等大中城市。其次，“一五”时期建设项目布点在适当集中的同时也适当分散在全国各地或各大区。就国内建设的限额以上的694个项目而言，基本上在全国各地都有分布。其中分布在沿海的有222个，约占32％，分布在内地的有472个，约占68％。重点建设项目则主要分散于全国各大区（见表1-6），如东北、西北、华北、中南、西南、华东地区布局的重点建设项目数占全部项目数的比重分别为37.3％、22.0％、18.0％、12.0％、7.3％、3.3％。这种集中与分散相结合的工业布局基本方针在“一五”时期产生了良好的建设成效，节省了工业建设投资资金，缩短了建设周期，提高了经济效益。

表1-6　“一五”时期重点建设项目的大区分布

地　区	项目数/个	占全部重点建设项目数的比重/(％)
东北	56	37.3
西北	33	22.0
华北	27	18.0
中南	18	12.0
西南	11	7.3
华东	5	3.3

资料来源：陆大道、薛凤旋等，《1997中国区域发展报告》，商务印书馆1997年版，第4-5页。

（四）按照尽可能接近资源丰富的原料和燃料产地的原则进行工业布局

马克思列宁主义经典作家认为，生产力布局尽可能接近原料和燃料产地、销售市场和交通要道，确定出“最优区位”，可以减少生产费用，优化生产建设经济效果。马克思在《资本论》中具体分析了地区之间生产部门发展的不平衡对产品生产状况造成的影响。他指出，如果由于原料价格的提高一方面引起了原料需求的减少，另一方面既引起了当地原料生产的扩大，又使人们从遥远的一向很少利用或者根本不利用的生产地区去取得原料供给，而这两方面加在一起又使原料的供给超过需求，以致这种高价现在突然跌落下来。列宁在《科学技术工作计划草稿》中也提出，使俄国工业布局合理，着眼点是接近原料产地，尽量减少从原料加工转到半成品加工一直到制出成品等阶段时的劳动消耗。[①] 马克思列宁主义经典作家的论断阐明的生产力布局的重要原则是提高社会劳动生产率的重要途径。

新中国成立后，中国共产党将生产力布局原则与中国具体国情相结合，对工业空间布局的资源指向问题进行了思考和探索。陈云曾经指出："搞工业要有战略眼光。选择地点要注意资源条件，摆在什么地方，不能不慎重。"[②]如何慎重选择厂址？陈云认为，"企业的布置，应当接近原料、燃料产地和消费地区，使我们能够用尽可能少的投资获得最大限度的经济效果"。[③]理由是：如果工业企业的布局脱离了原料、燃料产地和消费地区，势必会增加供应和运输的困难，并且提高产品成本，在经济上会造成长期的不合理。相反，如果工业企业接近原料、燃料产地和消费地区，则可以使供、产、销更好地结合起来，生产组织比较合理，运输里程适当缩短，产品成本降低。陈云在这里实际上提出了工业布局的优化指向原则，即根据不同产品的生产工艺和经济技术特点、消耗和资金占有量的差异，可将工业企业分为原料指向型、燃料指向型、市场指向型等类别。为了提高企业及全社会的劳动生产率和经济效益，工业布局必须根据各类企业的特点，选择最优指向区位，使工业尽可能接近原料、燃料产地和消费地区，获得最大的投资效果。

"一五"时期，随着工业建设的逐步展开，尽可能接近资源丰富的原料和燃料产地进行工业布局的原则得到了具体实施。钢铁厂、有色金属冶炼厂和化工企业，主要摆在矿产资源丰富或能源供应充足的地区；机械加工企业主要摆在原材料生产基地的附近；棉纺工业主要摆在产棉区。在具体工业投资安排上，第一，黑色金属工业的投资主要集中在煤、铁资源丰富的地区，其中东北三省的投资就占全国的81.7%。据1955年末统计，辽宁地区集中了全国 $A+B+C_1$ 级铁矿储量的44.5%，锰矿储量的23.2%；包头地区占全国铁矿储量的25.4%；武汉地区铁矿储量占全国的5.2%，湖南

① 中共中央马克思恩格斯列宁斯大林著作编译局：《列宁全集》(第三十四卷)，人民出版社1985年版，第212页。

② 《陈云文选》(第二卷)，人民出版社1995年版，第98页。

③ 陈云：《当前基本建设工作中的几个重大问题》，《红旗》1959年第5期。

锰矿占全国的8.6%。第二,棉纺织工业投资的分配和主要产棉区相适应。据统计,1953—1955年,河北、陕西、河南、山西等主要产棉区的棉花产量接近全国半数。"一五"时期头三年,国家在这些地区新建和改建了许多棉纺织厂,投资达5.7亿元,占全国的73.2%,使其产值比重接近全国的1/3。第三,我国原有的煤炭、电力工业大多数分布在东北、华北地区。为了充分利用原有的燃料动力资源,1953—1955年,对东北和华北地区的全部工业投资占全国的70%,其中煤炭、电力工业的投资分别占全国的83.7%和59%。1954年、1955年两年,这两个地区的煤炭、电力工业产值占全国的比重分别为84.4%、66%。①

(五)按照有利于改变少数民族地区经济的落后面貌原则进行工业布局

少数民族地区自然资源丰富,由于市场发育程度低、交通不方便,经济长期落后,人民生活极其贫困。新中国成立以后,少数民族地区各族人民在国家的大力支援下,开展了大规模的经济建设。1952年12月,中共中央在《关于少数民族地区的五年建设计划的若干原则性意见》中指出,各地在制定计划时,既要照顾到少数民族群众的要求和愿望,又必须充分估计各少数民族当前发展阶段的特点和各种不同的情况。要以农业、牧业、贸易、交通为重点,发展少数民族地区的经济。要在少数民族的中心区或人口集中地区,建立人民生活所必需的以及与发展生产有密切联系的工业。根据中共中央的意见,各有关地区和中央的有关部门,制定了发展少数民族地区各项建设事业的计划。1953年,随着中国第一个五年计划的全面实施,少数民族地区的经济发展取得了初步进展。在交通运输方面,修成了贯通甘肃和新疆的兰新铁路、联结西北和西南的宝成铁路、内蒙古集宁到二连的铁路、内蒙古包头经宁夏到甘肃兰州的铁路、广西黎塘到广东湛江的铁路等5条铁路干线;建成了康藏公路(现在的川藏公路)和青藏公路,并于1954年12月25日举行了通车典礼。铁路和公路的修建改变了少数民族地区交通闭塞的状况,增进了各地区的物资交流。在工业发展方面,许多少数民族地区建立了中小型工矿企业。还有一些大型的现代工业基地在内蒙古、新疆、广西、青海等省、自治区兴建,如在新疆建设了克拉玛依油田,在内蒙古建设了包头钢铁联合企业,这些都是"一五"计划的重点项目。

① 中国社会科学院、中央档案馆:《1953—1957中华人民共和国经济档案资料选编》(固定资产投资和建筑业卷),中国物价出版社1998年版,第288-289页。

在少数民族地区的经济开发促进了工业、交通的发展，改变了该地区经济的落后面貌。据统计，按 1952 年不变价格计算，1957 年，民族自治地方的工业总产值，由 1949 年的 5.4 亿元增至 29.5 亿元，增长了 4 倍多。新疆的小型工厂在 1957 年已发展到 1000 多个。1957 年内蒙古自治区的工业总产值比 1947 年自治区成立时增长了 20 倍。截至 1957 年，少数民族地区铁路通车里程达到 5400 多公里，公路通车里程达到 6 万多公里。①

(六)按照与城市和区域规划工作相结合的原则进行工业布局

工业项目的布局和建设，特别是一些大型项目的建设，往往产生“乘法效应”，导致一个城市(镇)的产生，或者极大地影响着城市(镇)的规模。②工业布局与城市规划和区域规划工作相结合，既可以减少工业布局的失误，又可以促进城市健康发展。

“一五”时期，我国围绕 156 项重点建设项目开始了大规模的工业化建设。国家计委、国家建委组织有关部门在茂名、个旧、兰州、包头、昆明、大冶、贵阳等工业城市实行联合选厂，布局工业企业。由于项目多在无工业的地区建设，基础设施要从头做起，有时要在不很大的范围内配置几个工业区和城镇，需要把该地区作为一个整体进行统一规划。因此，联合选厂的形式和方法已不能胜任，必须考虑协作配合，协调矛盾，综合平衡，对工业城市进行多方案分析论证的规划建设。1955 年 3 月，陈云在《关于发展国民经济的第一个五年计划的报告》中指出，为了合理地分布工业并适应资源状况，“我们的许多新建企业只能建设在原来没有工厂或者只有很少工厂的城市，因此就必须兴建城市，进行水电、交通、市政的建设，在同一城市的各个新建企业之间保证彼此协作”。③ 陈云在这里实际上强调了工业布局与城市和区域规划工作相结合的重要性。这一重要性也在 1956 年 5 月由国务院常务会议通过的《国务院关于加强新工业区和新工业城市建设工作几个问题的决定》④(简称《决定》)中得到了具体体现。该《决定》指出，

① 《当代中国的民族工作》编辑委员会:《当代中国的民族工作》(上)，当代中国出版社、香港祖国出版社 2009 年版，第 96-97 页。

② 梁怀:《中国经济布局概论》，中国地质大学出版社 1988 年版，第 111 页。

③ 《陈云文集》(第二卷)，中央文献出版社 2005 年版，第 603 页。

④ 《国务院关于加强新工业区和新工业城市建设工作几个问题的决定》，《建设月刊》1956 年第 3 期。

加强城市和工人镇的规划工作，是保证工业建设顺利进行的重要条件。《决定》还规定了城市和区域规划工作的任务，就是在将要开辟为新工业区和将要建设新工业城市的地区，根据当地的自然条件、经济条件和国民经济发展计划，对工业、动力、交通运输、邮电设施、水利、农业、林业、居民点、建筑基地等建设和各项工程设施，进行全面规划；使一定区域内国民经济的各个组成部分之间和各工业企业之间有良好的协作配合，居民点的布置更加合理，各项工程的建设更加有序，以保证新工业区和新工业城市建设的顺利发展。根据这一指导性规定，国家计委、国家建委迅速成立了区域规划局，在地方党委领导下开展了区域规划工作。这不仅有利于工业生产力的合理布局，同时还促进了城市建设。

三、“一五”时期均衡合理布局生产力的成效与问题

按照“一五”计划的战略部署以及一系列均衡合理布局生产力的原则，“一五”时期，我国加强了内地的基本建设力量，提升了内地基本建设的投资比重。由于投资的倾斜，沿海地区与内地工业产值的比重得到一定程度调整，内地工业产值比重有所上升。但是，“一五”时期的工业布局也存在一些问题，如过于重视内地而忽略沿海地区等。

(一)“一五”时期生产力布局取得的成效

从基本建设的投资额来看，沿海地区与内地的投资额差距缩小，内地甚至超过了沿海地区。表 1-7 的数据显示，1953—1957 年，从投资总额来看，沿海地区基本建设投资总额为 230.08 亿元，内地为 262.75 亿元，内地超出沿海地区 32.67 亿元。从投资比重来看，沿海地区的投资比重为 46.7%，内地为 53.3%，内地投资比重超出沿海地区。从投资总额增加值来看，1957 年，沿海地区的投资总额为 57.46 亿元，比 1953 年增加 21.45 亿元，而内地投资总额增加 38.04 亿元。内地投资总额增加值超出沿海 16.59 亿元。

从沿海地区与内地的工业总产值来看，内地工业总产值增加幅度超过沿海地区。表 1-8 的数据显示，1952—1957 年，按 1952 年不变价格计算，沿海地区工业总产值从 238.1 亿元增加到 516.7 亿元，增加了 1.17 倍。内地工业总产值从 105.2 亿元增加到 267.2 亿元，增加了 1.54 倍。而从沿海地区与内地工业总产值所占比重的变化趋势来看，沿海地区工业总产值的比重从 69.4%下降到 65.9%，内地则从 30.6%上升到 34.1%。

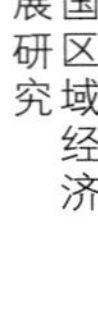

表 1-7 “一五”时期沿海地区与内地基本建设投资分布

年份	投资总额/亿元		比重(以沿海、内地投资之和为 100)/(%)	
	沿海地区	内地	沿海地区	内地
1953	36.01	30.73	54.0	46.0
1954	38.40	40.51	48.7	51.3
1955	39.26	44.16	47.1	52.9
1956	58.95	78.58	42.9	57.1
1957	57.46	68.77	45.5	54.5
“一五”时期合计	230.08	262.75	46.7	53.3

资料来源:中国社会科学院、中央档案馆,《1953—1957 中华人民共和国经济档案资料选编》(固定资产投资和建筑业卷),中国物价出版社 1998 年版,第 291 页。

表 1-8 工业总产值沿海地区与内地构成

年份	工业总产值/亿元		比重/(%)	
	沿海地区	内地	沿海地区	内地
1952	238.1	105.2	69.4	30.6
1957	516.7	267.2	65.9	34.1

注:1952 年和 1957 年工业总产值是按 1952 年不变价格计算的。

资料来源:国家统计局工业交通物资统计司,《中国工业经济统计资料》(1949—1984),中国统计出版社 1985 年版,第 139 页。

(二)“一五”时期生产力布局存在的问题

然而,值得一提的是,虽然“一五”期间通过实施重点建设内地工业,同时注意利用和发展沿海地区工业的区域经济均衡发展战略,扭转了旧中国遗留下来的沿海地区与内地工业布局极不平衡的状态,但工业建设中新的矛盾又凸显出来。由于当时国家采用的主要是转移建设投资的方式,在新中国成立初期资金极为匮乏的情况下,大量增加内地建设资金,必然会使沿海地区建设资金急剧减少,原有生产能力得不到扩大。1954 年 12 月 31 日,陈云在国务院座谈会上指出:五年计划中新建的工厂在内地,内地的市场可以靠新的来维持。上海、天津没有新建的工厂,旧的搞垮了,就不能维持。他提出要利用原有工业设备,控制新建和扩建,控制国家基本建设的投资。[①] 1955 年 11 月 16 日，他在中央工作会议上更加明确地指出：沿海城市是历史上工业发展早的地方，现在内地也要发展，要开工厂，但是沿海城市的生产能力有余，内地工厂建立起来之后，沿海城市就会发生困难。我们应该根据原料、生产、销售和运输的情况，进行综合研究，确定哪些工厂应在沿海，哪些工厂应在内地。[②] 1956 年 4 月 25 日，毛泽东在《论十大关系》中也专门将“沿海工业和内地工业的关系”作为一个重要方面进行了阐述。他说：“最近几年，对于沿海工业有些估计不足，对它的发展不那么十分注重了。这要改变一下。”他指出必须这样做的依据，一是国际环境发生了变化，“现在，新的侵华战争和新的世界大战，估计短时期内打不起来，可能有十年或者更长一点的和平时期。这样，如果还不充分利用沿海工业的设备能力和技术力量，那就不对了。”二是经济建设的规律使然，“从现有材料看来，轻工业工厂的建设和积累一般都很快，全部投产以后，四年之内，除了收回本厂的投资以外，还可以赚回三个厂，两个厂，一个厂，至少半个厂。这样好的事情为什么不做？”[③]刘少奇在中共八大的政治报告中提出，在工业的布局问题上，目前需要注意的是沿海和内地的配合。[④]周恩来在中共八大上所作的《关于发展国民经济的第二个五年计划的建议的报告》中指出，我们必须充分地利用近海地区原有的工业基础。我们在内地进行工业建设所需要的许多原材料、设备、资金和技术人才，都需要近海城市原有工业来供应和支援。我们充分利用并且加强近海地区的工业基础，不但是为了适应国家和人民日益增长的需要，而且也正是为了在内地建立更强大的工业基础。[⑤]

① 《陈云文选》（第二卷），人民出版社 1995 年版，第 268-269 页。

② 《陈云文选》（第二卷），人民出版社 1995 年版，第 284 页。

③ 中共中央文献研究室：《毛泽东文集》（第七卷），人民出版社 1999 年版，第 25-26 页。

④ 《刘少奇选集》（下卷），人民出版社 1985 年版，第 229 页。

⑤ 中共中央文献研究室：《建国以来重要文献选编》（第九册），中央文献出版社 1994 年版，第 191 页。

第二章

“大跃进”时期的工业分布与布局

随着1958年“大跃进”运动的发动，为了加快地方工业的发展，实现工业生产“大跃进”，中共中央提出各协作区和各省、区、市都要建立比较独立、完整的工业体系，中央工业和地方工业以及大型企业和中小型企业同时并举，经济管理权限下放到地方等一系列促进地方工业自成体系的方针部署，期望通过全民办工业，建立比较独立、完整的地方工业体系，在全国各地分布工业生产力，实现工业的均衡分布。全民办工业促进了地方发展工业的积极性，但由于各地区都追求本地区工业自成体系，“大而全”“小而全”，也造成了各地区重复建设、产业结构趋同、资源浪费，降低了基本建设的投资效果。国民经济调整初期，通过“关、停、并、转”部分工业企业，初步扭转了全民大办工业导致的大中小项目星罗棋布、遍地开花的态势。同时，“大跃进”时期，为了实现工业的均衡布局，国家还进一步加大了对内地的投资建设，使内地工业基础薄弱的状况有所改善。

第一节　地方工业自成体系的生产力布局方针

“大跃进”时期，为了多快好省地建设社会主义，在生产力的布局方面，中共中央作出了加强协作区建设、中央工业和地方工业以及大中小企业同时并举、经济管理权限下放到地方等一系列方针部署，期望在各协作区和各省、区、市均建立比较独立、完整的工业体系，促进各地区工业生产力的合理分布。

一、地方工业自成体系的生产力布局方针形成的背景

“一五”时期在各工业部门展开的建设项目初步形成了全国工业布局的基本框架，为我国建立比较完整的基础工业和国防工业体系奠定了初步基础。为了进一步建设社会主义工业化，1956年9月27日，中国共产党第八次全国代表大会通过的《关于政治报告的决议》(简称《决议》)中明确提出了在我国建成一个基本上完整的工业体系需要解决的经济政策问题。《决议》指出，为了把我国由落后的农业国变为先进的社会主义工业国，我们必须在三个五年计划或者再多一点的时间内，建成一个基本上完整的工业体系，使工业生产在社会生产中占主要地位，使重工业生产在整个工业生产中占显著的优势，使机器制造工业和冶金工业能够保证社会主义扩大再生产的需要，使国民经济的技术改造获得必要的物质基础。《决议》还指出，建成这样一个工业体系，对于促进我国国民经济的全面发展、加强社会主义阵营各国之间的协作、促进社会主义各国经济的共同高涨都具有重大的意义。为了建立完整的工业体系，应当明确地解决以下一系列的经济政策问题：必须继续坚持优先发展重工业的方针；在优先发展重工业的同时，根据原料、资金的可能和市场的需要，积极发展轻工业、农业、交通运输业、商业；在重工业部门中，集结和壮大设计新产品的力量，增强制造能力，逐步推行生产标准化，加强专业和协作的配合，提高我国的技术水平；要正确地解决工业和其他经济事业的布局问题。在内地和近海地区的关系上，既要把工业重点合理地移向内地，发展内地的经济事业，又要充分利用和合理发展近海地区的经济事业，特别是应当充分利用近海原有的工业基地来迅速推进内地新的工业基地的建设。在中央和地方的关系上，既要发挥中央各经济部门的积极性，又要发挥地方的积极性；既要纠正地方经济事业中盲目发展的偏向，又要纠正对地方经济事业注意不够和限制过多的偏向。在大型工业和中、小型工业的关系上，既要努力建设那些起骨干作用的大型工业企业，又要有计划地新建和改建那些起配合作用的或者适合于较小规模经营的中、小型工业企业。

中国共产党探索适合中国国情的社会主义建设道路，试图在中国建立一个独立的完整的工业体系。但是，随着1958年“大跃进”运动的发动，为了实现工业的快速发展，多快好省地建设社会主义，中共中央将全国划分为七大经济协作区，提出不仅要在全国形成独立、完整的工业体系，在各协作区和各省、区、市也要建立比较独立、完整的工业体系。毛泽东曾指出，

地方应该想办法建立独立的工业体系。首先是协作区,然后是许多省,只要有条件,都应建立比较独立的但是情况不同的工业体系。为了提高地方办工业的积极性,中共中央还提出了中央工业和地方工业以及大型企业和中小型企业同时并举、经济管理权限下放到地方等一系列方针部署,期望通过全民大办工业,在全国各地分布工业生产力,建立地方独立、完整的工业体系。

二、中央工业与地方工业、大中小企业同时并举的方针

1958 年 3 月,关于我国工业发展的问题,党中央在成都会议上明确提出了发展中央工业和发展地方工业同时并举的方针,并就发展地方工业的问题通过了《关于发展地方工业问题的意见》《关于在发展中央工业和发展地方工业同时并举的方针下有关协作和平衡的几项规定》等文件。中共中央在《关于发展地方工业问题的意见》中指出,实行发展中央工业和发展地方工业同时并举的方针,就可以更有成效地使发展工业和发展农业同时并举和相互支援,就可以把地方办工业的积极性、人民群众办工业的积极性更广泛、更充分地调动起来,从而必然会加快我国工业化的速度和农业技术改造的速度。[①] 为了使地方工业的发展正确地贯彻执行鼓足干劲、力争上游、多快好省地建设社会主义的总路线,而又符合整个国民经济发展的要求,中共中央在《关于发展地方工业问题的意见》中提出要打破对于工业化的神秘观点,全党办工业,各级办工业,全面规划,加强领导,走群众路线。各省、自治区应该在大力实现农业跃进规划的同时,争取在五年或者七年的时间内,使地方工业的总产值赶上或者超过农业总产值。[②] 中共中央在《关于发展地方工业问题的意见》中还强调各省、区、市在制定地方工业发展规划时要注意分工与协作,根据各省、区、市的资源情况和现有的工业基础,地方工业的发展,在全国范围内,有一个大体的分工是必要的。在一个省、自治区的范围内,地方工业的布局,应该依托现有工业城市作为技术中心,同时选择若干县城作为联结工业城市和其他各县地方工业的基点。在中心城市、基点县以及其他各县的同产业之间、大中小企业之间,建立协作制度,形成点面结合、城乡结合、大中小企业相结合的工业网。中共

① 中央档案馆、中共中央文献研究室:《中共中央文件选集 1949 年 10 月—1966 年 5 月》(第二十七册),人民出版社 2013 年版,第 275 页。

② 中央档案馆、中共中央文献研究室:《中共中央文件选集 1949 年 10 月—1966 年 5 月》(第二十七册),人民出版社 2013 年版,第 275-276 页。

中央在《关于在发展中央工业和发展地方工业同时并举的方针下有关协作和平衡的几项规定》中强调，在地方工业大发展的情况下，必须及时加强地区之间的和企业之间的协作和平衡工作，以保证社会主义经济的计划性和节约原则，避免生产发展中的浪费、混乱和停滞现象。[①] 还指出，对于工业生产和基本建设方面的协作和平衡问题，必须贯彻实行点和面相结合、普及和提高相结合的原则。要根据这个原则，去解决现在最主要的工业城市和工业基地（上海、天津、辽宁）同全国其他各地之间，以及其他新旧工业城市（如武汉、重庆、太原、西安、广州）同它们有联系的地区之间，在经济关系上已经发生和可能发生的某些问题。[②]

1958 年 5 月 5 日，刘少奇在中国共产党第八届全国代表大会第二次会议上的工作报告中指出，在集中领导、全面规划、分工协作的条件下，中央工业和地方工业同时并举，大型企业和中小型企业同时并举，是鼓足干劲、力争上游、多快好省地建设社会主义的总路线的基本点之一。根据这条总路线的要求，要使全国的大中城市都成为工业城市，并在那些条件具备的地方逐步建立新的工业基地，使全国的县城和很多乡镇都能有自己的工业，使全国各省、自治区以至大多数专区和县的工业产值都超过农业产值。[③] 为了提高建设速度，报告指出，中央工业和地方工业、大型企业和中小型企业必须同时并举。发展工业生产是全国人民的普遍需要，必须执行全党办工业、全民办工业的方针，只有中央和地方各级直至合作社一齐动手，并且在大中小企业方面实行分工合作，“众人拾柴火焰高”，事情才能办得又多又快又好又省。只要全国二十几个省、自治区和直辖市，一百八十多个专区、自治州，二千多个县、自治县，八万多个乡、镇，十万多个手工业合作社，七十多万个农业合作社，都能够在发展工业方面正确地充分地发挥积极性，那么，在一个较短的时期内，各种工厂就会像星罗棋布那样分布在全国各地。[④] 报告还指出，我们所提倡的地方工业和中小型企业的发展，是在集中领导、全面规划、分工协作的条件下的发展，而不是盲目的、自由

① 中央档案馆、中共中央文献研究室：《中共中央文件选集 1949 年 10 月—1966 年 5 月》（第二十七册），人民出版社 2013 年版，第 283 页。

② 中央档案馆、中共中央文献研究室：《中共中央文件选集 1949 年 10 月—1966 年 5 月》（第二十七册），人民出版社 2013 年版，第 284-285 页。

③ 中央档案馆、中共中央文献研究室：《中共中央文件选集 1949 年 10 月—1966 年 5 月》（第二十八册），人民出版社 2013 年版，第 20 页。

④ 中央档案馆、中共中央文献研究室：《中共中央文件选集 1949 年 10 月—1966 年 5 月》（第二十八册），人民出版社 2013 年版，第 25-26 页。

竞争的发展。为了防止和减少可能的资源资金的浪费和产品的积压，中央和地方各级都必须认真地加强协作和平衡的工作，必须坚决反对资本主义的经营思想和地方主义、本位主义的倾向。[①] 关于中央工业和地方工业同时并举，大型企业和中小型企业同时并举的方针，1958年8月，中共中央在《关于一九五九年计划和第二个五年计划问题的决定》中强调，全国和各地方在建设工业体系的过程中，应当注意合理地分布工业生产力，按照大型企业和中小型企业同时并举、在目前多建中小型企业的方针，使企业的布置适当分散，以适应国防安全，特别是适应逐步消灭工农差别、城乡差别，全国走向平衡发展的共产主义要求。[②]

三、在各协作区和各省、区、市建立比较完整的工业体系

1958年2月，中共中央发出《关于召开地区性的协作会议的决定》，指出：为着更加多快好省地建设社会主义和配合国民经济计划的进行，全国需要划分为七个协作区[③]。由有关省、区、市党委举行定期性的和不定期性的会议。通过这种会议，可以使各省、区、市互通情报，交流经验，互相协作，彼此支援，调节矛盾，互相评比，以便在中央方针政策和统一规划的领导下，促进社会主义建设事业的共同发展。[④]

随着"大跃进"运动的开展，在中央工业和地方工业同时并举、大型企业和中小型企业同时并举的方针的指导下，全民办工业的积极性已经进一步地调动起来，为了适应社会主义建设事业发展的新形势，1958年6月，中共中央作出《关于加强协作区工作的决定》，指出，除了充分发挥中央各部委和各省、区、市的积极性以外，还必须充分发挥协作区的积极作用。以便根据我国幅员广大、资源丰富、人口众多的特点，进一步地在中央集中领导

① 中央档案馆、中共中央文献研究室：《中共中央文件选集 1949年10月—1966年5月》(第二十八册)，人民出版社2013年版，第27页。

② 中央档案馆、中共中央文献研究室：《中共中央文件选集 1949年10月—1966年5月》(第二十八册)，人民出版社2013年版，第446页。

③ 七个协作区：东北协作区(辽宁、吉林、黑龙江、东蒙)、华北协作区(北京、天津、河北、山东、山西、内蒙古、河南)、华东协作区(上海、江苏、浙江、安徽、福建、山东、江西)、华南协作区(广东、广西、湖南、福建、江西)、华中协作区(湖北、湖南、江西、河南、安徽)、西南协作区(云南、贵州、四川、西藏、陕西)、西北协作区(陕西、甘肃、青海、新疆、宁夏)。

④ 中共中央文献研究室：《建国以来重要文献选编》(第十一册)，中央文献出版社1995年版，第157页。

下，按照全面规划，逐步形成若干个具有比较完整的工业体系的经济区域。[①]《关于加强协作区工作的决定》中将全国划分为七个协作区[②]，并对中央各部委、协作区以及各省、区、市的任务进行了具体部署，指出，中央各部委必须鼓足干劲，积极担负起组织全国大协作、大平衡和技术指导与提高的任务，根据各个经济区域的资源等条件，按照全国统一的规划，尽快地分别建立大型的工业骨干和经济中心，形成若干个具有比较完整的工业体系的经济区域。[③] 关于协作区的任务，《关于加强协作区工作的决定》指出：第一，为了克服我国工业分布仍然很不平衡的状态，今后新建大型的冶金、煤炭、电力、机械、炼油、化工等企业，应当在地区上作合理的分布，使各个协作区都具有必要的工业骨干，建立起比较完整的工业体系；第二，组织工业基础较强的省、区、市帮助工业基础较差的地区，实行重点和全面相结合，以点带面的方针；第三，在地方工业和中小型企业的大发展中，为了防止资源、资金的浪费和产品的积压，必须坚决贯彻执行集中领导、全面规划、分工协作的原则，更加合理地使用各地人力、物力、财力，避免某些基建项目不应有的重复和缺漏；第四，通过协商方式，互相支援、统一步调，千方百计地解决各省、区、市之间的矛盾和问题。并且应当注意防止和克服本位主义，以便共同发展。[④] 关于各省、区、市的任务，《关于加强协作区工作的决定》指出，各省、区、市必须在中央和协作区的领导和支持下，发展一些必要的骨干工业。当然，在每一个省的范围内不能够要求样样俱全，必须根据本地区的资源条件和销路情况，在集中领导、全面规划和分工协作的前提下，调动一切力量，自力更生地安排和发展本地区的工业。[⑤] 1958 年 7 月，国家计委党组、国家经委党组《关于第二个五年计划向中央政治局的汇

---

① 中央档案馆、中共中央文献研究室：《中共中央文件选集 1949 年 10 月—1966 年 5 月》（第二十八册），人民出版社 2013 年版，第 120 页。

② 《关于加强协作区工作的决定》中对《关于召开地区性的协作会议的决定》中提出的七个协作区的范围作出部分调整：东北协作区（辽宁、吉林、黑龙江）、华北协作区（北京、河北、内蒙古、山西）、华东协作区（上海、江苏、浙江、安徽、江西、福建、山东）、华南协作区（广东、广西）、华中协作区（湖南、湖北、河南）、西南协作区（四川、云南、贵州、西藏）、西北协作区（陕西、甘肃、青海、新疆、宁夏）。

③ 中央档案馆、中共中央文献研究室：《中共中央文件选集 1949 年 10 月—1966 年 5 月》（第二十八册），人民出版社 2013 年版，第 121 页。

④ 中央档案馆、中共中央文献研究室：《中共中央文件选集 1949 年 10 月—1966 年 5 月》（第二十八册），人民出版社 2013 年版，第 122-123 页。

⑤ 中央档案馆、中共中央文献研究室：《中共中央文件选集 1949 年 10 月—1966 年 5 月》（第二十八册），人民出版社 2013 年版，第 122 页。

报提纲》中指出，在第二个五年内，应该首先建立起以大区为范围的工业体系，以后逐步地建设各省的工业体系，由于各大协作区的具体条件有所不同，在建立工业体系的过程中，不能要求同样的水平；在大区之间，也应该有所分工，加强协作。[①] 1958 年 8 月，中共中央在《关于一九五九年计划和第二个五年计划问题的决定》中指出，在第二个五年计划期间，在全国建立强大的独立、完整的工业体系的同时，各协作区都应当建立起比较完整的、不同水平和各有特点的工业体系，各省、区、市也都应当建立起一定程度的工业基础。[②]

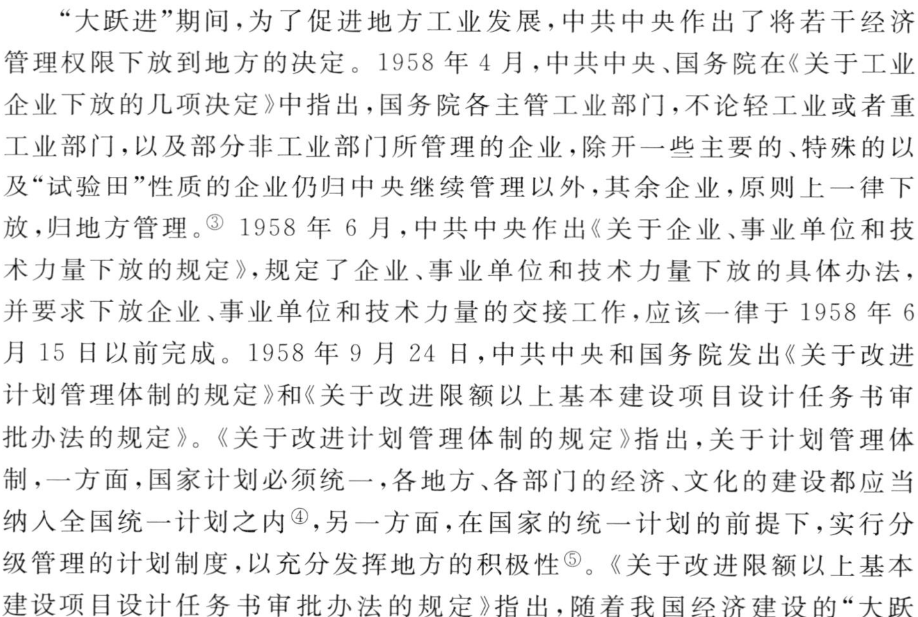

四、促进地方工业发展的经济管理权限下放

"大跃进"期间，为了促进地方工业发展，中共中央作出了将若干经济管理权限下放到地方的决定。1958 年 4 月，中共中央、国务院在《关于工业企业下放的几项决定》中指出，国务院各主管工业部门，不论轻工业或者重工业部门，以及部分非工业部门所管理的企业，除开一些主要的、特殊的以及"试验田"性质的企业仍归中央继续管理以外，其余企业，原则上一律下放，归地方管理。[③] 1958 年 6 月，中共中央作出《关于企业、事业单位和技术力量下放的规定》，规定了企业、事业单位和技术力量下放的具体办法，并要求下放企业、事业单位和技术力量的交接工作，应该一律于 1958 年 6 月 15 日以前完成。1958 年 9 月 24 日，中共中央和国务院发出《关于改进计划管理体制的规定》和《关于改进限额以上基本建设项目设计任务书审批办法的规定》。《关于改进计划管理体制的规定》指出，关于计划管理体制，一方面，国家计划必须统一，各地方、各部门的经济、文化的建设都应当纳入全国统一计划之内[④]，另一方面，在国家的统一计划的前提下，实行分级管理的计划制度，以充分发挥地方的积极性[⑤]。《关于改进限额以上基本建设项目设计任务书审批办法的规定》指出，随着我国经济建设的"大跃

---

① 中国社会科学院、中央档案馆：《1958—1965 中华人民共和国经济档案资料选编》(工业卷)，中国财政经济出版社 2011 年版，第 692 页。

② 中央档案馆、中共中央文献研究室：《中共中央文件选集 1949 年 10 月—1966 年 5 月》(第二十八册)，人民出版社 2013 年版，第 446 页。

③ 中央档案馆、中共中央文献研究室：《中共中央文件选集 1949 年 10 月—1966 年 5 月》(第二十七册)，人民出版社 2013 年版，第 355 页。

④ 中央档案馆、中共中央文献研究室：《中共中央文件选集 1949 年 10 月—1966 年 5 月》(第二十九册)，人民出版社 2013 年版，第 82 页。

⑤ 中央档案馆、中共中央文献研究室：《中共中央文件选集 1949 年 10 月—1966 年 5 月》(第二十九册)，人民出版社 2013 年版，第 83 页。

进”与计划和企业管理体制的改变以及基本建设投资大包干制度的实行，对于现行的基本建设项目设计任务书审批办法，应当根据统一计划、分级管理的原则作相应的修改，达到既有利于加强全国的统筹安排，又能使地方因地因事制宜地安排本地区的建设事业，加速建设进度。今后中央对基本建设的管理，应集中主要力量对全国分地区分事业的规划进行审查和研究(如一个协作区安排完整的工业体系的规划，煤矿、林区、河流的开发规划等)。对于限额以上基本建设项目设计任务书应采取中央和地方分工负责审批的办法。①

按照经济管理权限下放到地方的一系列指导方针，中央各部门管理的企事业单位大量地下放到省、区、市。据统计，截至 1958 年 6 月，中央各工业部委所属的企业和事业单位，已经有 80%左右下放给地方管理。9 个工业部委与各省、区、市陆续办理了 880 多个下放单位的交接工作。到 1958 年年底，中央各部委所属企业和事业单位，从 1957 年的 9300 个减少到 1200 个，下放 87%。中央直属企业的工业产值占整个工业总产值的比重，由 1957 年的 39.7%下降到 1958 年的 13.8%。② 同时，为了地方更好地管理下放的企业，中共中央还下放了计划管理权、基本建设项目审批权、财税权等，扩大了地方管理经济的权限。通过下放计划管理权，1959 年，国家计委管理的工业产品，从 1957 年的 300 多种减少到 215 种，按产值计算，仅占全国工业总产值的 58%，另外 42%由地方管理；国家财政收入由中央直接征收的比重从 40%降至 20%，即 80%的中央财政支出靠地方上交；中央统配、部管物资，减少到 132 种，减少 75%，供销工作也改由地方为主组织。③ 通过下放基本建设项目审批权，地方兴办限额以上的建设项目，只需将简要的计划任务书报送中央批准，其他设计和预算文件一律由地方审查批准；某些与中央企业没有协作关系、产品不需要全国平衡的限额以上建设项目，由地方批准，只需报中央备案；限额以下的项目，完全由地方自行决定。④ 通过下放财权，中央财力受到削弱，从“一五”时期平均占 75%，降

---

① 中央档案馆、中共中央文献研究室:《中共中央文件选集 1949 年 10 月—1966 年 5 月》(第二十九册)，人民出版社 2013 年版，第 87 页。

② 国家经济贸易委员会:《中国工业五十年——新中国工业通鉴》(第三部)，中国经济出版社 2000 年版，第 37 页。

③ 《当代中国的经济体制改革》编辑委员会:《当代中国的经济体制改革》，当代中国出版社、香港祖国出版社 2009 年版，第 56 页。

④ 《当代中国的经济体制改革》编辑委员会:《当代中国的经济体制改革》，当代中国出版社、香港祖国出版社 2009 年版，第 56-57 页。

低为只占50%左右,地方和企业预算外资金从1957年相当于预算内收入的8.5%提高到1960年的20.6%。① 通过下放税收管理权,许多税务机构被撤销,征收力量大为削弱,导致出现了欠税、漏税、应缴不缴等问题。

第二节　地方工业自成体系的生产力布局产生的影响与调整

地方工业自成体系有利于在全国各地分布工业生产力,逐步改变我国工业生产力不合理分布的状态,同时全民大办工业还初步奠定了我国工业化的基础。但"大跃进"时期,各地区都追求本地区工业自成体系,带来了重复建设、产业结构趋同、资源浪费、投资效益差等诸多问题,针对这些问题,中共中央开始贯彻"全国一盘棋"的精神。1961年1月,中共八届九中全会提出"调整、巩固、充实、提高"的八字方针对国民经济进行全面调整,提出关停并转部分布局不当的中小型企业,地方独立工业体系的建立逐步告停。

一、地方工业自成体系对工业建设和布局带来的积极影响

一方面,"大跃进"时期提出建立独立的和比较完整的地方工业体系,通过大力发展地方工业,可以充分利用中国各地区的自然、经济等资源,有利于在全国各地分布工业生产力,逐步改变我国工业生产力不合理分布的状态。另一方面,中国人口众多、地域广阔、工业基础非常薄弱且各地区工业经济发展状况不平衡,尽管经过三年国民经济恢复和"一五"时期的工业建设,我国初步奠定了工业化的基础,但我国工业化水平、工业产品产量等,和世界上许多国家相比还有很大差距。建立比较独立、完整的地方工业体系,有利于充分调动中央各部办工业的积极性和地方各级办工业的积极性,充分发挥群众力量,全党办工业、全民办工业,实现地方工业的大发展,满足国家建设和人民生活的多种多样的需要,保证多快好省地建设社会主义,把我国早日建设成为一个社会主义工业化的国家。关于三年"大跃进"中我国工业建设取得的成绩,1961年9月,中共中央在《关于当前工业问题的指示》中指出,第二个五年计划所规定的主要工业产品的生产指

① 《当代中国的经济体制改革》编辑委员会:《当代中国的经济体制改革》,当代中国出版社、香港祖国出版社2009年版,第58页。

标已经提前完成，基本工业的设备能力有了成倍的增长，技术力量有了迅速的增加，一些新的工业部门已经初步建立起来，设备和重要材料的自给程度有了很大提高，工业的地区分布比过去合理。[①] 为追求地方工业自成体系，全民办工业，广大干部群众所付出的辛勤劳动取得了一部分实际成果。还有那些修建得合乎需要的农田水利工程，那些新增加的后来形成了生产能力的工业设施，不仅在当时发挥了作用，而且在以后相当长的时期内继续发挥着效益。在全国许多从来没有工业的地方办起工业，虽然很大一部分当时没有能够巩固，但终究为这些地区后来的工业发展奠定了最初的基础。[②] 据统计，“大跃进”的三年中，施工中的大中型工业(建设)项目有2200个左右，其中完工和部分完工而投入生产的有1000个左右，而“一五”计划时期合计，施工的大中型项目只有921个，其中完工和部分完工的为537个，均约为“一五”计划时期合计的2倍。施工的小型工业项目有9万多个，而全部“一五”计划时期施工的小型工业项目只有9000多个，约是“一五”计划时期的10倍。[③] 洛阳第一拖拉机制造厂、保定化学纤维联合厂、新安江水电站等都是“大跃进”时期投产的大型项目，这一时期，还新建了石油化工设备制造、拖拉机制造、精密机械制造等过去没有的重要工业部门。

二、地方工业自成体系对工业建设和布局带来的问题

第一，追求“大而全”“小而全”，忽视了分工与协作，导致重复建设和产业结构趋同，基本建设投资效益低下。一方面，“大跃进”时期划分经济协作区，并提出设立协作区专门领导机构，协调区内、区外分工合作和利益关系，有利于促进各地区之间的分工与协作，促进全国劳动地域分工向合理化方向发展。但为了建立地方独立、完整的工业体系，“大跃进”时期提出要发挥协作区的积极作用，在各协作区建立独立、完整的工业体系也给生产力布局带来了一定的负面影响。建立经济协作区是在新中国建设力量有限，工业基础比较薄弱，缺乏全面规划和全面布局的情况下提出来的[④]。

① 中共中央文献研究室:《建国以来重要文献选编》(第十四册)，中央文献出版社1997年版，第613页。

② 中共中央党史研究室:《中国共产党历史 第二卷(1949—1978)》(上册)，中共党史出版社2011年版，第501页。

③ 国家经济贸易委员会:《中国工业五十年——新中国工业通鉴》(第三部)，中国经济出版社2000年版，第66页。

④ 方创琳等:《区域规划与空间管治论》，商务印书馆2007年版，第150页。

要求在协作区尽快建立大型工业骨干和经济中心,形成若干个具有比较完整工业体系的经济区域,必然会导致各地区各自为战,不重视分工和协作,搞"大而全""小而全",大中小项目遍地开花、星罗棋布,地区经济发展陷入低水平的重复建设和产业结构趋同的误区。另一方面,为了促进地方工业的发展,"大跃进"时期作出了经济管理权限下放到地方的决定,在权限下放到各省、区、市后,地方工业虽然得到了一定程度的发展,但区域之间的分工协作并没有朝合理有序的方向发展。地方政府获得一定权限后,往往从本地利益出发,加强了地区封锁,人为地割断了地区间的经济交流和企业间的协作关系,造成区域协作的困难。同时,中央权力下放后,由于放松了计划的宏观管理和综合平衡,为各地扩大建设规模、随意上项目提供了便利。各省、区、市为了建立独立、完整的工业体系,往往不顾本地区资源基础和经济发展条件,都追求建立独立的、自成系统的工业体系,盲目建厂,重复建设,建立"大而全""小而全"的区域工业结构,造成了各地区产业结构趋同,降低了基本建设投资效益。例如,许多地区不顾有无煤铁资源,工业发展一律"以钢为纲""土法上马";对一些以农产品为原料的轻工业,忽视农作物受气候、土壤等自然条件的制约的特点,省省建厂,以求自给①;在机械工业基本建设中,"大跃进"三年中在建的大中型项目中,除了8项(第一、第二重机厂,以及太原、沈阳、马鞍山等重型矿山设备厂等)直属第一机械工业部管理以外,各省、区、市自行安排的同类建设项目就多达38个,在地方安排建设的这些项目中,仅1000吨以上的水压机就安排了15台。② "大跃进"期间,各省份不顾本地条件,盲目生产和建设,导致基本建设投资效益低下。据统计,基本建设投资,由1957年的143.32亿元增加到1960年的388.69亿元,增长1.71倍;三年投资总额达1007.41亿元,比"一五"时期五年合计588.47亿元增长71.2%;1960年末,基本建设占用流动资金85亿元,比1957年增加50亿元;固定资产交付使用率降到68.8%,比1957年下降24.6%。③ 1959年3月,陈云在《当前基本建设工作中的几个重大问题》一文中就区域之间的分工与协作问题指出,"各协作区和各省、自治区将来建设起来的工业体系,是水平不同而且各有特点的,

① 刘再兴:《中国生产力总体布局研究》,中国物价出版社1995年版,第19页。

② 《当代中国的基本建设》编辑委员会:《当代中国的基本建设》(上),当代中国出版社、香港祖国出版社2009年版,第73页。

③ 国家经济贸易委员会:《中国工业五十年——新中国工业通鉴》(第三部),中国经济出版社2000年版,第40页。

而现代工业又是一种非常复杂的协作经济，因此，在各个地区之间、各个部门之间、各个企业之间、以至一个企业内部的各个部分之间，都不能没有分工和协作。”“各省、自治区应当从全局观点出发，适应全国和当地工业建设的要求，根据自己的特点，正确规定本省、自治区的建设任务。”“如果不考虑本地区的资源条件和经济特点，勉强去办那些难以办到的事情，而不积极去办那些可以办到的和在全国范围内迫切需要的事情，这在经济上是不合理的。”①

第二，“大跃进”时期，为了加快地方工业发展，从中央部门到各省、区、市以及各专区、县、公社、街道或队，层层都办工业，急于求成，片面追求数量，但并未达到预期的效果，许多工业产品的质量下降，物资消耗增加，成本提高，造成了严重的资源浪费。据统计，1957—1959 年，各种经济类型的工业企业单位数量从 16.95 万个增加到 31.84 万个。其中，全民所有制企业从 4.96 万个增加到 9.88 万个；集体所有制企业从 11.99 万个增加到 21.96 万个。② 尽管各种经济类型的工业企业单位数量增加，但从工业产品质量来看，从 1957 年到 1960 年，重点企业的生铁合格率由 99.44%下降为 85.87%，平炉钢合格率由 99.03%下降为 96.36%，电炉钢合格率由 98.58%下降为 94.67%，转炉钢合格率由 98.9%下降为 87.38%，铸铁件废品率由 7.9%上升为 12.5%，棉布一等品率由 97.2%下降为 91.3%，机制纸成品率由 92.8%下降为 79.1%。③ 从物资消耗来看，从 1957 年到 1960 年，重点企业的每吨生铁耗铁矿石量由 1772 公斤提高到 1918 公斤，每吨平炉钢耗钢铁料量由 1036 公斤提高到 1175 公斤，每吨转炉钢耗钢铁料量由 1226 公斤提高到 1521 公斤，每吨生铁耗焦炭量由 808 公斤提高到 1104 公斤，每吨转炉钢耗焦炭量由 136 公斤提高到 310 公斤，每百米棉布用纱量由 13.39 公斤提高到 14.36 公斤，每吨机制纸及纸板用浆量由999 公斤提高到 1087 公斤。④ 从成本来看，1960 年与 1957 年相比，全国工业企业每百元产值生产费用从 51.4 元增加到 56.4 元；每亿元工业总产值平均耗费的电力，由 2501 万千瓦时增加到 3443 万千瓦时；每万元工业总产

① 陈云：《当前基本建设工作中的几个重大问题》，《红旗》1959 年第 5 期。

② 国家统计局工业交通统计司：《中国工业经济统计年鉴》(1988)，中国统计出版社 1989 年版，第 25 页。

③ 中国社会科学院、中央档案馆：《1958—1965 中华人民共和国经济档案资料选编》(工业卷)，中国财政经济出版社 2011 年版，第 93 页。

④ 中国社会科学院、中央档案馆：《1958—1965 中华人民共和国经济档案资料选编》(工业卷)，中国财政经济出版社 2011 年版，第 93 页。

值平均耗用的煤炭量,由10万吨左右增加到21万吨。[1]

三、针对地方工业自成体系带来的问题提出按照“全国一盘棋”精神进行工业布局

针对地方工业自成体系带来的诸多问题,中共中央开始贯彻“全国一盘棋”的精神。1959年1月27日,李富春在报告1959年计划问题时提出,必须实现全国一盘棋,才能保证计划的完成。1959年3月1日,陈云在《当前基本建设工作中的几个重大问题》[2]一文中指出,“在全国范围内有计划地合理地布置工业生产力,是基本建设中具有长远性质和全面性质的问题,是一个带有战略意义的问题。对于这样的问题,如果不做长期打算、整体部署,只顾眼前方便、零敲碎打,是不可能解决得好的。我们在进行工业布局的时候,必须按照‘全国一盘棋’的精神,使目前利益同长远利益结合起来,使局部利益同全局利益结合起来。”如果按照“全国一盘棋”的精神,“建立工业体系只能首先从全国范围开始,然后才是各个协作区,再后才是许多省、自治区。”这样可以使各省、自治区从全局观点出发,适应全国和当地工业建设的要求,根据自己的特点,正确规定本省、自治区的建设任务,尽量多地发展地方的各种类型的工业,从而有利于区域更好地进行分工协作。同时,陈云还指出,“在一个省、自治区以内,企图建立完整无缺、样样都有、万事不求人的独立的工业体系,是不切实际的。”一些复杂的需要各方面协作配合的生产,在一个企业内无法进行,在一个省、自治区内也难以单独进行,只有按照“全国一盘棋”的精神,在更大的范围内合理分配生产任务,组织协作,才能够完满地进行。1959年2月24日,《人民日报》发表题为《全国一盘棋》的社论,指出,我们的社会主义经济,是有计划按比例发展的。为了最有效、最合理地调动各方面的积极性,就必须更好地加强集中领导和全面安排,就必须从全国着眼,把全国经济组织成一盘棋。不论是建设的布局和投资的分配,不论是生产指标的确定和安排,也不论是原材料和产品的调拨,都必须从全局出发,保证重点,照顾一般,把我国有限的人力、物力和财力合理地使用在最迫切需要、收效最快、作用最大的方面。社论中还指出,我们力求建设要有合理的布局,但是我国各个地区的经济发展和资源分布不平衡,因而重点项目不可能平均分布在每个省、区、

① 国家经济贸易委员会:《中国工业五十年——新中国工业通鉴》(第三部),中国经济出版社2000年版,第73页。

② 陈云:《当前基本建设工作中的几个重大问题》,《红旗》1959年第5期。

市。所谓全国一盘棋，保证重点，就是不论这些工程分布在哪一个地区、哪一个部门，都必须全力保证它们先上马；已经上了马的，就要保证它们快马加鞭，迅速投入生产。当然，在这些重点项目中，也要排队，也要先后有序，不能一拥而上。

四、国民经济调整初期针对地方工业自成体系带来的问题进行调整

国民经济调整初期，在"调整、巩固、充实、提高"八字方针的指导下，针对"大跃进"时期全民大办工业导致的地方中小型企业职工人数多、物资消耗高、产品质量差等诸多问题，1961 年 9 月，中共中央在《关于当前工业问题的指示》中指出，为了保证那些必须继续生产的企业能够正常进行生产，消除目前大量存在的浪费人力、物力、财力的严重现象，凡是没有原料、材料资源的企业，凡是原料、材料、燃料消耗过多，产品质量低劣，产品成本极高，长期亏本赔钱而短期内又不能改变这种状况的企业，必须分别情况，或者暂时停止生产，或者关闭，或者关闭一部分。[①] 1962 年 9 月，中共八届十中全会通过的《农村人民公社工作条例修正草案》中规定：公社管理委员会，在今后若干年内，一般地不办企业。已经举办的企业，不具备正常生产条件的，不受群众欢迎的，应该一律停办。需要保留的企业，应该经过社员代表大会讨论决定，分别情况，转给手工业合作社经营，下放给生产队经营，或者改为个体手工业和家庭副业；个别企业，经过社员代表大会同意，县人民委员会批准，可以由公社继续经营，或者下放给生产大队经营。[②] 1962 年 11 月，中共中央、国务院在《关于发展农村副业生产的决定》中规定：公社和生产大队一般地不办企业，不设专业的副业生产队。[③] 根据上述方针，国民经济调整初期，通过"关、停、并、转"部分工业企业，初步扭转了全民大办工业导致的大中小项目遍地开花、星罗棋布的态势。据统计，1960—1962 年，各种经济类型的工业企业单位数量从 25.40 万个减少到 19.74万个。其中，全民所有制企业从 9.60 万个减少到 5.30 万个；集体所

① 中共中央文献研究室：《建国以来重要文献选编》（第十四册），中央文献出版社 1997 年版，第 622 页。

② 中共中央文献研究室：《建国以来重要文献选编》（第十五册），中央文献出版社 1997 年版，第 621 页。

③ 中共中央文献研究室：《建国以来重要文献选编》（第十五册），中央文献出版社 1997 年版，第 703 页。

有制企业从15.80万个减少到14.44万个。[①]

针对"大跃进"时期地方之间的利益封锁，以行政手段割断协作关系的现象，中共中央在《关于当前工业问题的指示》中强调，经济协作的组织工作，必须采取分部门、分地区负责的原则。属于一个行业内的协作关系，由行业的主管部门负责；属于一个地区内的行业之间的协作关系，由省、区、市经济委员会负责；属于省、区、市之间的协作关系，由中央局经济委员会负责；属于大区之间的协作关系，由国家经济委员会负责。每个部门、每个地区，都必须首先以重点企业为中心，一个企业一个企业地清理和整顿协作关系。原有的协作关系，必须继续保持，不得片面中断。中断了的，应当加以清理，需要恢复的，应当积极恢复。需要建立的，应当迅速建立，并且尽可能固定起来。[②] 关于企业之间协作关系的整顿，中共中央在《关于当前工业问题的指示》中指出，企业管理工作的整顿要从"五定"着手，把每个企业的产品方向和生产规模，人员和机构，主要的原料、材料、燃料以及动力的消耗定额和来源，固定资产和流动资金，外部协作关系，按照每个企业的情况，逐一核定下来。

第三节　"大跃进"时期沿海与内地的工业建设和布局与经济关系

"大跃进"时期，为了均衡布局生产力，缩小地区差距，随着国家投资的重点进一步向内地推进，和沿海地区相比，内地的基本建设投资额、工业总产值以及主要工业产品的产量等都有了较大程度的提高。

一、"大跃进"时期沿海与内地的工业建设和布局

"大跃进"期间，在充分利用沿海工业基地的同时，国家建设的重点进一步向内地推进。

在钢铁工业建设布局方面，尽管受到"大跃进"的冲击，但始终没有停止建设钢铁工业大中型项目。其中，上海建成了一批转炉，形成了年产近300万吨的炼钢能力；天津形成了年产近50万吨的炼钢能力；北京建设了

① 国家统计局工业交通统计司：《中国工业经济统计年鉴》(1988)，中国统计出版社1989年版，第25页。

② 中共中央文献研究室：《建国以来重要文献选编》(第十四册)，中央文献出版社1997年版，第626页。

北京钢厂和北京特殊钢厂，形成了年产几十万吨的炼钢能力；鞍钢建成了第三炼钢厂；武钢建成2座高炉和5座平炉；太钢、重钢、唐钢和一批特殊钢厂都扩大了生产能力。各省、区、市的地方钢铁厂，也初步形成了炼铁、炼钢和轧钢能力。在机械工业建设布局方面，建成投产了洛阳第二机床厂、哈尔滨电机厂、湘潭船用电机厂、武汉重型机床厂、富拉尔基重机厂、兰州石油机械厂等一批机械重点项目，增强了机械工业的制造能力，形成了西安、兰州等“一五”计划中部署的一些机械工业生产基地，并且在华北的保定、华东的合肥和杭州、中南的郑州等地也逐步形成了新的机械工业生产基地。在煤矿工业建设布局方面，建成了阜新新邱一号立井、鸡西城子河九号立井、平顶山二号立井、通化湾沟立井、抚顺西露天矿，以及鹤岗兴安台、山西潞安、淮南谢家集、峰峰和双鸭山5个洗煤厂等一批“一五”计划时期开始建设的大中型项目。在电力工业建设布局方面，建成了阜新热电站、洛阳热电站、成都热电站、武汉青山热电站、兰州热电站、吉林热电站、北京热电站和新安江水电站等一批“一五”计划期间开工建设的重要水、火电项目。同时，还兴建了丹江口水利枢纽、富春江七里垄水电站、刘家峡水电站等大型水电项目。在石油工业建设布局方面，“大跃进”时期石油工业的建设方针是天然石油和人造石油并举。其中，在天然石油工业建设中，重点建设地区是松辽平原。1960年共打井339口，证实了大庆长垣各构造连片大面积含油，并在此开辟生产试验区，当年生产原油97万吨，为以后大规模建设大庆油田奠定了基础。同时，在人造石油工业建设中，1958年在广东茂名新建了页岩油厂。

二、“大跃进”时期沿海与内地的经济关系

从以上“大跃进”时期沿海与内地的工业建设和布局来看，为了提高落后地区的经济水平，缩小地区之间的发展差距，尽快实现国家社会主义工业化，这一时期，在充分利用沿海工业基地的基础上，国家投资建设的重点依然是幅员辽阔、资源丰富的内地。以下从基本建设投资额、工业总产值以及主要工业产品的产量等方面对沿海与内地的经济关系进行分析。

从基本建设投资额来看，“大跃进”期间，国家对沿海与内地的基本建设投资额逐年增加，但内地基本建设投资额的增长速度比沿海要快。根据表2-1的数据计算，内地基本建设投资额1960年是1958年的1.53倍，沿海地区则为1.32倍；内地基本建设投资额1960年比1958年增加52.6%，沿海地区则增加31.9%；1958—1960年，内地基本建设投资额年均增长率

为 23.5%，沿海地区则为 14.9%。

表 2-1 沿海地区与内地的基本建设投资额

项目	1958 年/亿元	1959 年/亿元	1960 年/亿元
沿海地区	105.45	109.71	139.12
内地	163.55	240.01	249.57

资料来源：根据国家统计局固定资产投资统计司，《中国固定资产投资统计年鉴》(1950—1995)，中国统计出版社 1997 年版的数据计算。

从沿海、内地的工业总产值占全部工业总产值的比重来看，"大跃进"期间，随着对内地投资建设的增强，内地工业总产值占全部工业总产值的比重呈逐年上升趋势，而沿海则逐年下降。从工业总产值的增长速度来看，"大跃进"期间，在全国国民经济飞跃发展的总形势下，沿海工业和内地工业总产值都有显著增长，但内地的增长速度要快于沿海。根据表 2-2 的数据计算，内地工业总产值 1960 年比 1958 年增长 57.6%，沿海地区则增长 47.8%；内地工业总产值 1960 年是 1958 年的 1.58 倍，沿海地区则为 1.48 倍；1958—1960 年，内地工业总产值年均增长率为 25.6%，沿海地区则为 21.6%。

表 2-2 沿海地区与内地的工业总产值与比重

项目	1958 年		1959 年		1960 年	
	工业总产值/亿元	比重/(%)	工业总产值/亿元	比重/(%)	工业总产值/亿元	比重/(%)
沿海地区	687.9	63.1	924.6	62.3	1016.4	61.6
内地	402.1	36.9	559.4	37.7	633.6	38.4

资料来源：中国社会科学院、中央档案馆，《1958—1965 中华人民共和国经济档案资料选编》(工业卷)，中国财政经济出版社 2011 年版，第 744 页。

从主要工业产品的产量在沿海地区和内地的比重来看，表 2-3 的数据显示，1952—1959 年，内地钢产量、生铁产量、发电量、金属切削机床产量、棉布产量占全国工业产品总产量的比重分别从 14.2%、20.7%、36.8%、8.2%、18.9%上升到 25.4%、39.2%、42.3%、33.3%、31.5%；沿海地区相应指标则从 85.8%、79.3%、63.2%、91.8%、81.1%下降到 74.6%、60.8%、57.7%、66.7%、68.5%。在钢铁生产方面，1952 年，在内地只有山西、黑龙江、湖北、湖南、四川、云南等省有炼钢设备，1959 年大、中、小钢铁厂已几乎遍布全国各省、区、市(西藏除外)。在机械工业建设中，在内地已建立了许多以制造大型机床、重型设备、发电设备、运输设备和农业机械为重点的机械工业基地。

表 2-3　主要工业产品的产量在沿海地区和内地的比重

项目	1952 年		1957 年		1959 年	
	沿海地区/(%)	内地/(%)	沿海地区/(%)	内地/(%)	沿海地区/(%)	内地/(%)
钢产量	85.8	14.2	82.6	17.4	74.6	25.4
生铁产量	79.3	20.7	80.5	19.5	60.8	39.2
发电量	63.2	36.8	59.7	40.3	57.7	42.3
金属切削机床产量	91.8	8.2	84.0	16.0	66.7	33.3
棉布产量	81.1	18.9	72.0	28.0	68.5	31.5

资料来源：中国社会科学院、中央档案馆，《1958—1965 中华人民共和国经济档案资料选编》(固定资产投资与建筑业卷)，中国财政经济出版社 2011 年版，第 931 页。

第三章

以备战和加强内地建设为重点的三线建设

历经三个五年计划，在13个省、自治区开展的三线建设，是我国在中西部地区进行的一场以备战为指导思想、以加强内地建设为重点，以交通、国防科技和基础工业为主体的大规模的基本经济建设。三线建设规模之大，时间之长，动员之广，行动之快，在中国建设史上是空前的。三线建设建立起来的国防体系和基地，扩展了国家战略纵深，增强了反侵略战争的潜能，对巩固国防力量具有重要战略意义。同时，三线建设还推动了中国生产力布局重心由沿海向内地的大幅度推移，加速了内地的工业化建设，并初步建立起具有相当规模、门类齐全、科研和生产结合的战略大后方现代工业交通体系，初步改变了我国内地基础工业薄弱、交通落后、资源开发水平低下的状况，初步改善了我国生产力区域分布不平衡的历史格局。

第一节　三线建设战略决策的形成与确立

20世纪60年代中期，中国周边面临多方面的战争威胁，为了加强备战以及改善生产力在沿海与内地布局不均衡的态势，中共中央、毛泽东作出了要把全国划分为一、二、三线，加强三线建设，防备敌人入侵的重要战略决策。

一、三线建设战略决策的形成背景

由于20世纪60年代中国周边环境的恶化，备战是进行三线建设的一个最直接动因。同时，促使中共中央、毛泽东下决心作出三线建设决策的另一个重要因素，就是试图改变我国不合理的工业布局。

首先，备战是进行三线建设的最直接动因。20 世纪 50 年代末 60 年代初，冷战环境中的中美关系持续紧张并不断恶化。美国始终把敌视新中国政权同遏制以苏联为首的社会主义阵营紧密地联系在一起，采取政治上孤立、经济上封锁、军事上遏制的反华政策。特别是在 20 世纪 60 年代，美国对外重心逐步从欧洲向亚洲倾斜，先后扩大侵越战争、支持台湾当局"反攻大陆"的计划，长期驻兵日本与朝鲜半岛，并对中国进行核讹诈与恫吓，中国周边面临多方面的战争威胁，安全环境急剧恶化。在北部和西部，随着中苏关系由论战发展为战争对峙，苏联在中苏边境陈集重兵，制造事端。在东南沿海，美国一直占据台湾海峡支持台湾蒋介石集团袭扰大陆。在西南，美国在越南的侵略战争严重升级，中国不但要做越南的战略后方，而且需要准备支援越南作战。然而，当时我国在应对战争威胁方面存在诸多隐患，突出表现在先进的工业生产力过于集中于沿海。1964 年 4 月 25 日，总参谋部作战部在《关于国家经济建设如何防备敌人突然袭击的报告》中指出：国家经济建设在如何防备敌人突然袭击方面存在很多问题，有些情况还相当严重。例如：(1)工业过于集中。全国仅 14 个 100 万人口以上的大城市就集中了约 60％的主要民用机械工业，50％的化学工业和 52％的国防工业。(2)大城市人口多。据 1962 年年底的统计，全国有 14 个 100 万人口以上和 20 个 50 万至 100 万人口的城市，大部分都在沿海地区，易遭空袭，对战时如何组织防空、疏散人口、保障生产等问题尚无有效措施。(3)主要铁路枢纽、桥梁和港口码头，多在大、中城市及其附近，易遭轰炸破坏，缺乏应付敌人突袭的措施。战争初期，交通就可能陷入瘫痪。(4)所有水库，紧急泄水能力都很小，战时来不及处置，就可能遭敌破坏，酿成巨大灾难。① 总参谋部作战部的这份报告，引起了中共中央和毛泽东的高度重视。出于国防战备的考虑，毛泽东曾多次强调要认真地研究苏联卫国战争的经验教训。他说，斯大林一不准备工事，二不准备敌人进攻，三不搬家。尤其是没有重视乌拉尔以东地区的工业基础建设，以致战争爆发后造成了巨大的破坏和损失。② 因此，从国家安全考虑以及对苏联卫国战争经验教训的认识，是促使中共中央、毛泽东作出以加强备战和开展大规模后方工

① 中共中央文献研究室：《建国以来重要文献选编》(第十九册)，中央文献出版社 2011 年版，第 113-114 页。

② 何郝炬、何仁仲、向嘉贵：《三线建设与西部大开发》，当代中国出版社 2003 年版，第 6 页。

业建设为重点的三线建设战略决策的重要因素。

其次，调整不合理的工业布局，尤其是改变我国工业特别是国防工业布局不合理的状况，也是三线建设战略决策形成的重要原因。由于历史原因，我国经济发展不平衡，工业布局严重不合理。新中国成立初期我国工业的70%集中于东南沿海一带，而广大的西南、西北内陆地区的工业基础十分薄弱。为改变新中国畸形的生产力布局，中共中央开始实施区域经济均衡发展战略，工业建设重点由沿海逐步转向内地。"一五""二五"时期，尽管内地的工业建设有所加强，但我国工业布局，尤其是国防工业布局依然不平衡。一些重型武器装备、舰艇生产以及核武器、运载火箭的研制试验等国防科技工业重大项目大多安排在东北、华北地区，其中相当一部分集中在哈尔滨、沈阳、包头、北京等大城市，而三线地区，除重庆、成都、西安、太原、兰州等大中城市有电子、兵器、航空工厂外，其他省份基本上没有国防科技工业。随着国际形势的变化，国防科技工业有可能首先成为外敌攻击的目标，一旦东北、华北地区的工业被摧毁，国民经济发展就会陷入瘫痪状态，而有限的内地工业发展和国防安全等也会受到影响。因此，基于以上考虑，中共中央、毛泽东作出了以备战为重点，以调整工业布局、集中力量加强内地国防体系和基地建设、扩展国家战略纵深、营造战略大后方、增强我国国防实力为目标的三线建设战略决策。

二、三线建设战略决策的形成与确立

为了加强备战，对付帝国主义可能发动的侵略战争，毛泽东在1964年召开的多次会议中提出了开展三线建设的战略设想。1964年5月10日至11日，国家计委领导小组向毛泽东汇报第三个五年计划的设想，当谈到铁路交通在第三个五年内只能搞那么多时，毛泽东说：酒泉和攀枝花钢铁厂还是要搞，不搞我总是不放心，打起仗来怎么办？① 1964年5月15日至6月17日，中共中央在北京召开工作会议，对"三五"计划进行讨论。1964年5月27日，毛泽东强调指出，"前一个时期，我们忽视利用原有的沿海基地，后来提醒，注意了。最近这几年又忽略'屁股'和后方了。"②毛泽东还强调了"三五"计划要考虑解决全国工业布局不平衡的问题，他提出，要搞一、

① 中共中央文献研究室：《建国以来重要文献选编》(第十八册)，中央文献出版社2011年版，第495页。

② 中共中央文献研究室：《毛泽东传(1949—1976)》(下)，中央文献出版社2003年版，第1362页。

二、三线的战略布局，加强三线建设，防备敌人的入侵。毛泽东在这里提出的一、二、三线主要是按中国的地理区域划分的：一线是指沿海地区。二线是指中部地区。三线分两块，一块是西南三线，包括云、贵、川三省的全部或大部以及湘西、鄂西；另一块是西北三线，包括陕、甘、宁、青四省全部或大部以及豫西、晋西地区。[①] 1964 年 6 月 6 日，毛泽东在中央工作会议上进一步提出了加强三线建设的战略主张，他明确强调，只要帝国主义存在，就有战争的危险。我们不是帝国主义的参谋长，不晓得它什么时候要打仗。决定战争最后胜利的不是原子弹，而是常规武器。他提出：要搞三线工业基地的建设，一、二线也要搞点军事工业。各省都要有军事工业，要自己造步枪、冲锋枪、轻重机枪、迫击炮、子弹、炸药。有了这些东西，就放心了。[②] 毛泽东的讲话得到了与会者的一致拥护，大家认为，应该加强战备，迅速开展三线建设。

1964 年 8 月初，美国派出第七舰队大规模轰炸越南北方，越南战争的战火燃到了中国南部边界。1964 年 8 月 6 日，毛泽东在《中国政府抗议美国侵犯越南的声明》稿上的批示指出，要打仗了，我的行动（指毛泽东原计划骑马沿黄河考察的行动）得重新考虑。[③] 1964 年 8 月 12 日，毛泽东对总参谋部作战部 1964 年 4 月提交的《关于国家经济建设如何防备敌人突然袭击的报告》作出批示："此件很好，要精心研究，逐步实施。"[④]根据毛泽东的批示意见，1964 年 8 月 19 日，李富春、薄一波、罗瑞卿联名向中共中央和毛泽东提交了《李富春等关于落实毛泽东对国家经济建设如何防备敌人突然袭击问题批示的报告》，报告建议在国务院成立由李富春任组长，薄一波、罗瑞卿任副组长的专案小组。报告强调，各有关方面，都必须按照主席指示的"精心研究，逐步实施"的原则，尽快进行研究，并应注意以下几点：(1)一切新的建设项目，不在第一线、特别是 15 个 100 万人口以上的大城市建设。(2)第一线，特别是 15 个大城市的现有续建项目，除明年、后年即可完工投产见效的以外，其余一律要缩小规模，不再扩建，尽早收尾。(3)在第一线的现有老企业，特别是工业集中的城市的老企业，要把能搬的

① 中共中央文献研究室：《周恩来传（1949—1976）》（下），中央文献出版社 1998 年版，第 811 页。

② 薄一波：《若干重大决策与事件的回顾》（下），中共党史出版社 2008 年版，第 843 页。

③ 中共中央文献研究室、中国人民解放军军事科学院：《建国以来毛泽东军事文稿》（下卷），军事科学出版社、中央文献出版社 2010 年版，第 255 页。

④ 中共中央文献研究室：《建国以来重要文献选编》（第十九册），中央文献出版社 2011 年版，第 112 页。

企业或一个车间、特别是有关军工和机械工业的,能一分为二的,分一部分到三线、二线;能迁移的,也应有计划地有步骤地迁移。(4)从明年起,不再新建大中型水库。(5)在一线的全国重点高等学校和科学研究、设计机构,凡能迁移的,应有计划地迁移到三线、二线去,不能迁移的,应一分为二。(6)今后,一切新建项目不论在哪一线建设,都应贯彻执行分散、靠山、隐蔽的方针,不得集中在某几个城市或点。①

1964 年 8 月中旬,中共中央书记处召开会议,中心议题是讨论三线建设问题。毛泽东在会上指出,要准备帝国主义可能发动的侵略战争。现在工厂都集中在大城市和沿海地区不利于备战。工厂可以一分为二,要抢时间迁到内地去。各省都要建立自己的二、三线,不仅工业交通部门要搬家,而且学校、科学院、设计院都要搬家。根据毛泽东的讲话精神,会议决定:首先集中力量建设三线,在人力、物力、财力上给予保证。新建的项目都要摆在第三线,现在就要搞勘察设计。第一线能搬的项目要搬迁;明后年不能见效的续建项目一律缩小建设规模。在不妨碍生产的条件下,有计划有步骤地调整第一线,一、二线企业要有重点地搞技术改革。② 这次会议的决定,标志着以备战和加强内地建设为重点的三线建设战略决策的基本确立。

第二节　三线建设的战略目标和指导思想

在加强备战的同时,积极在内地纵深地区建成具有比较完整的工业体系的战略后方基地;将三线建设融入国民经济长期计划之中;在加强三线后方基地建设的同时平衡一、二、三线的生产力布局等是三线建设的战略目标和指导思想。

一、加强备战与积极建设比较完整的三线战略后方基地相结合

1964 年 9 月 21 日,李富春在全国计划会议上指出,三线建设的目标是要采取多快好省的方法,在纵深地区,即在西南和西北地区(包括湘西、鄂

---

① 中共中央文献研究室:《建国以来重要文献选编》(第十九册),中央文献出版社 2011 年版,第 115-116 页。

② 中共中央宣传部宣传局:《中华人民共和国 40 年大事记》,光明日报出版社 1989 年版,第 203 页。

西、豫西)，建立一个比较完整的后方工业体系。[①] 李富春还提出了三线建设的初步设想：用三年或者更多一点的时间，把重庆地区，包括从綦江到鄂西的长江上中游地区，以重钢为原材料基地，建设成能够制造常规武器和某些重要机械设备的基地。用五年或六年的时间，把酒泉钢铁厂建设起来，依靠这个原材料基地，在西北地区初步建设起一个能够制造常规武器和必要机械设备的基地。用七年到八年的时间，依靠攀枝花这个原材料基地，初步建立起一个比较完全的包括冶金、机械、化工、燃料等主要工业部门的基地。1964 年 10 月 30 日，中共中央批准印发国家计委提出的《1965 年计划纲要(草案)》：1965 年计划的基本指导思想是，争取时间，积极建设三线战略后方。计划中提出，1965 年三线建设要结合第三个五年计划来考虑和安排。三线建设总的目标是：要采取多快好省的方法，在纵深地区建立起一个工农业结合的、为国防和农业服务的比较完整的战略后方工业基地。[②] 1965 年 1 月 23 日，毛泽东主持召开中共中央政治局常委扩大会议。他在听取余秋里汇报"三五"计划和三线建设问题时指出，"三线只修铁路、只规划煤、钢？应当是机械、化工、军工什么都有才好。还有煤气，四川那个地方就没有石油？计划一下。""三线建设，我们把钢铁、国防、机械、化工、石油、铁路基地都搞起来了，那时打起仗来就不怕了。"[③]1965 年 4 月 14 日，中共中央批转的《一九六五年工业交通工作要点》中指出，当前基本建设的重点是三线建设。"我们应当在统一规划下，争取时间，尽快地在内地建立一个体系完备的、技术先进的后方战略基地。"[④]1965 年 7 月 21 日，国家计委向周恩来汇报调整和修改后的第三个五年计划初步设想。这次汇报提出，"三五"计划实质是一个以国防建设为中心的备战计划，要从准备应付帝国主义早打、大打出发，把国防放在第一位，抢时间把三线建设成具有一定规模的战略大后方。从这个基本认识出发，在国防工业方面，首先把常规武器中最基本的东西搞起来，同时保证尖端方面一些最急需和周期长的工程项目的建设。到 1970 年，主要装备的生产能力，除造船外，三线地区占到一半左右。经过第三个五年或稍多一些时间的建设，三线地区将

① 陈夕：《中国共产党与三线建设》，中共党史出版社 2014 年版，第 88 页。

② 《当代中国的计划工作》办公室：《中华人民共和国国民经济和社会发展计划大事辑要》(1949—1985)，红旗出版社 1987 年版，第 222 页。

③ 陈夕：《中国共产党与三线建设》，中共党史出版社 2014 年版，第 136 页。

④ 中共中央文献研究室：《建国以来重要文献选编》(第二十册)，中央文献出版社 2011 年版，第 149 页。

成为一个部门比较齐全的新的工业基地。[1] 1965年9月2日,国家计委向中共中央和毛泽东报送的《关于第三个五年计划安排情况的汇报提纲(草稿)》中指出,加快三线建设是主席在1964年提出的具有伟大历史意义的重大战略决策。我们必须遵循主席的指示,突出三线建设,集中国家的人力、物力、财力,把三线的国防工业,原料、材料、燃料、动力、机械、化学工业,以及交通运输系统逐步地建设起来,使三线成为一个初具规模的战略大后方。[2] 1970年2月15日至3月21日,全国计划会议召开。会议的主要任务是讨论、拟订《1970年计划和第四个五年国民经济计划纲要(草案)》。(简称《"四五"纲要(草案)》)会议提出国民经济发展的任务是:狠抓备战,集中力量建设大三线强大的战略后方,改善布局;大力发展农业,加速农业机械化的进程;狠抓钢铁、军工、基础工业和交通运输的建设;加强协作,大搞综合利用,积极发展轻纺工业;建立经济协作区和各有特点、不同水平的经济体系,做到各自为战、大力协同;大力发展新技术,赶超世界先进水平;初步建成我国独立的、比较完善的工业体系和国民经济体系,促进国民经济新飞跃。《"四五"纲要(草案)》强调,1970年和第四个五年国家建设的重点是大三线战略后方。1970年计划用于大三线的建设投资和大中型建设项目均占全国计划内投资和大中型项目的一半以上。《"四五"纲要(草案)》还提出,到1975年,大三线地区将建成一个部门比较齐全、各有特点、工业和农业协调发展的强大的战略后方。[3]

二、加强备战与经济建设的长远计划相结合

三线建设的决策,主要是从备战的角度作出的。但是,毛泽东和中共中央其他领导人认为,进行三线建设不仅是为了备战,从长远的战略高度和经济建设的长远计划来看,即使仗打不起来,三线建设也不会是浪费。因此,对待可能存在的战争危险,要有两手准备,要把备战和长远建设结合起来。1965年6月26日,毛泽东同汪东兴谈话时指出,"任何一件事情,都不能看得那么容易。有人想,等三线建设好了再打仗。我看美帝国主义不一定会等你的,它是不以我们的意志为转移的。它等你建设起来才打? 也

① 《当代中国的计划工作》办公室:《中华人民共和国国民经济和社会发展计划大事辑要》(1949—1985),红旗出版社1987年版,第231-232页。

② 中共中央文献研究室:《建国以来重要文献选编》(第二十册),中央文献出版社2011年版,第321-322页。

③ 《当代中国的计划工作》办公室:《中华人民共和国国民经济和社会发展计划大事辑要》(1949—1985),红旗出版社1987年版,第297-298页。

可能你没有建设起来它就打，也可能你建设起来了它又不打。所以，我们要有两手准备。”[①]1965年11月12日，毛泽东在视察天津时说，“大三线建设，小三线建设，会不会是浪费？会不会化为水？”地方负责人回答：“不会的，就是敌人不来，从经济建设上说，也是有用的。”毛泽东表示满意。[②]次日，毛泽东在济南同当地负责人谈话时指出，要争取快一点把后方建设起来。三五年内要把这件事情办好。后方建设起来，敌人如果不来，没有什么浪费。粮食储存一些有好处，反正要吃。棉布存一点，反正要穿。枪炮子弹如果用不着，只好当废铁用。打洞，不过用了点劳动力。[③]关于备战和长远规划相结合的思想，1965年4月12日，周恩来在中共中央政治局第125次扩大会议上指出，“我们现在一方面备战，一方面还要摸长期规划，要备战和长期结合。当然，这两个东西如果发生矛盾，要先照顾备战，但是长期总不能取消，要相互结合。你不打，我东西多生产一点，总是有用。另一方面，长期还要继续进行。所以，像包钢、武钢、太钢这样的新项目，还有像德阳的重型机械，过去布置也不够，现在也要把它加快。”[④]

1965年5月19日，刘少奇在接见军委作战会议全体同志时的讲话中指出，“我们的准备快一点，好一点，战争就可以推迟，它就不容易来。如果我们准备得很好，甚至它就不敢来。”[⑤]1965年9月2日，国家计委向中共中央和毛泽东报送的《关于第三个五年计划安排情况的汇报提纲（草稿）》中指出，加快三线建设，这是关系着第三个五年计划的全局、关系国家安危、关系世界人民革命运动的一个大问题，也是解决长远和当前战略任务的一个根本问题。我们在第三个五年计划期间，一定要把建设重点放在三线，在这个问题上如果不采取坚定的态度，那么，就会犯方针性的错误。从长远来说，把三线建设起来，就能从根本上改变我国经济建设上的战略布局，就既可以适应战争的需要，又能够为我国经济的发展，创造更好的条件。[⑥]

---

① 陈夕：《中国共产党与三线建设》，中共党史出版社2014年版，第169页。

② 国家经济贸易委员会：《中国工业五十年——新中国工业通鉴》（第五部上卷），中国经济出版社2000年版，第42页。

③ 陈夕：《中国共产党与三线建设》，中共党史出版社2014年版，第199页。

④ 陈夕：《中国共产党与三线建设》，中共党史出版社2014年版，第156页。

⑤ 刘少奇：《在接见军委作战会议全体同志时的讲话》（1965年5月19日），《党的文献》1995年第3期。

⑥ 中共中央文献研究室：《建国以来重要文献选编》（第二十册），中央文献出版社2011年版，第322页。

三、加强备战与区域生产力的合理布局相结合

三线建设决策的战略目标除了巩固国防、加强备战、积极建设后方工业基地外，还强调要加强区域生产力的合理布局，正确处理一、二、三线之间的关系。1964年5月28日，周恩来在中共中央政治局常委、书记处书记和各中央局负责同志谈第三个五年计划问题会议上指出，“我们第三线是空白架子，非要去建设不可。……但是，这并不是说对一、二线就不注意了，不要因为讲了攀枝花，把一、二线又疏忽了。”“从党的领导来说，在考虑整个布局的时候，那就更要全面地想一想。比如攀枝花，这是一个具体集中的地区，相应地一、二线怎么为它服务，一、二线本身又怎么布局，这些都要很好地考虑。”“从布局方面看，我们的军事、经济、政治、文化，很不平衡。现在我们要建立三线观点，同时又必须懂得一、二线怎么布局。一、二线这样集中，特别是一线这样集中，很不利。”“现在要把攀枝花作为一个中心，其他很多相应的东西都要搞起来。不单是一个攀枝花的问题，要通过攀枝花把云贵川联系起来。”[①] 1964年9月21日，李富春在全国计划会议上指出，调整第一线，集中力量建设第三线，这是一个调整工业布局的问题。“调整一线、建设三线，不是互相孤立，而是互相结合的。一、二、三线必须统一部署，互相结合，要充分发挥一、二线的作用，积极支援三线的建设。”[②]李富春还指出，“三线的建设要快一些，还要靠一线的支援。一线的工业有两方面的任务，一方面是要把一些重要的工厂，根据具体情况，分到或者全部搬到三线，具体办法是分、搬、缩、停、帮。另一方面，一、二线的老企业还要加强技术改造，进行设备更新，争取生产的继续增长，争取在新技术方面突破一些重要关键。”“分厂，可以是一分为二，也可以是一分为三，或者一分为几。这样，就更有利于三线的建设。搬厂，可以是全搬，也可以只搬一个车间，或者是一条生产线。”“原来准备和现在正在一线建设的新工厂，要采取停、缩的办法。”“进口的原油砂子裂解设备，原来计划放在上海，现在决定放到兰州；进口的第二套维尼龙设备，原来计划放在吉林，现在决定放到贵州。有些正在建设的工厂，要适当缩小规模。”一线支援三线，“还可以采取抽调技术力量和重要设备到三线去的办法，加强三线的建设和

---

① 周恩来：《关于第三个五年计划的若干问题》(1964年5月28日)，《党的文献》1996年第3期。

② 陈夕：《中国共产党与三线建设》，中共党史出版社2014年版，第88页。

生产。”[①]

1965 年 1 月 18 日，李富春、余秋里写给毛泽东、中共中央政治局常委、中央书记处的《关于讨论计划工作革命问题的一些初步设想（草案）》中指出，“要根据毛主席的战略思想，来研究经济建设的战略方针和战略布局。”“有了战略布局，就能正确处理一、二、三线的关系，避免只注意沿海、不注意内地，或者只注意内地、不注意沿海的两种片面性，真正体现总路线的多快好省。”“第三个五年计划期间，我们国家经济建设的战役重点是三线（包括国防和各省市区后方建设）。在三线主要是狠打建设仗，在一、二线主要是狠打生产仗。这两方面都必须打胜。三线建设仗打好了，我们就能够取得整个战略上的主动；而打好一、二线的生产仗，既有利于第三个五年计划国民经济的增长速度，又能保证和促进三线的建设。”[②]1965 年 1 月 23 日，毛泽东在听取余秋里汇报“三五”计划和三线建设问题时指出，“两个阵地：三线是一个阵地，一、二线是一个阵地，以一、二线的生产来支援三线建设。”[③]1965 年 3 月 12 日，关于第三个五年计划安排情况，周恩来在向中央书记处的汇报提纲中指出，第三个五年是建立一个独立的比较完整的工业体系和国民经济体系的关键时期。要“立足于打仗，抢时间，改变布局，加快三线建设，首先是国防建设（包括国防工业和同国防有关的基础工业、交通运输和小三线的建设）。”[④]周恩来还指出，加快三线建设，是中央既定的方针，也是第三个五年计划的核心。三线的建设，必须充分依靠一、二线现有的工业基础。一、二线的工业固定资产约占全国的 87%，财政收入约占全国的 90%。一、二线应当为三线建设出人、出钱、出技术、出材料、出设备。一、二、三线要相互促进。“第三个五年建设的重点是三线。但是，不同行业的布局，要从具体情况出发：冶金、机械、化工、石油、国防工业，以及配合这些建设的煤炭、电力和交通运输，一定要把建设重点放在三线；同人口、耕地等分布情况和出口有密切关系的工业，如化肥、农药、轻工、纺织等，应当就原料，就市场，分散布点，不能片面强调在三线的比重。”“三线工业的布点，要注意靠山近水，充分利用西南地区丰富的水利资源来发展水运，发挥水运投资少、成本低、建设快、效果大和打不烂的优点。”[⑤]1965 年 4

① 陈夕：《中国共产党与三线建设》，中共党史出版社 2014 年版，第 90-91 页。

② 李富春、余秋里：《关于编制长期计划的方法问题（草案）》（1965 年 1 月 18 日），《党的文献》1996 年第 3 期。

③ 陈夕：《中国共产党与三线建设》，中共党史出版社 2014 年版，第 136 页。

④ 周恩来：《向中央书记处汇报提纲》（1965 年 3 月 12 日），《党的文献》1995 年第 3 期。

⑤ 周恩来：《向中央书记处汇报提纲》（1965 年 3 月 12 日），《党的文献》1995 年第 3 期。

月12日，周恩来在中共中央政治局第125次扩大会议上指出，“有些大三线的东西，还没有设计好的，势必要推迟，要先搞哪个收效快的，也要有个排队。小三线也要有个先后，先南方后北方，先沿海后内地，不能同时上去。因此，各大区、各省也要有个布局。”①1965年9月2日，国家计委向中共中央和毛泽东报送的《关于第三个五年计划安排情况的汇报提纲(草稿)》中指出，第三个五年计划必须立足于战争，从准备大打、早打出发，积极备战，把国防建设放在第一位，加快三线建设，逐步改变工业布局；发展农业生产，相应地发展轻工业，逐步改善人民生活；加强基础工业和交通运输的建设；充分发挥一、二线的生产潜力；积极地，有目标、有重点地发展新技术，努力赶上和超过世界先进技术水平。在建设三线的同时，必须搞好一、二线的生产建设。一、二线要充分发挥生产潜力，为三线建设出人、出技术、出材料、出设备。一、二、三线要互相促进。正在建设的包头、武汉、太原三大钢铁基地，应当集中力量，尽早建成。为一、二线现有企业继续发展所必需的铁矿、煤矿、油田、森工和电站的建设，该上的还是要上。一、二线的企业、事业单位，必须大力进行技术革新和技术革命，加强科学研究，积极采用新技术、新工艺，为三线建设做出先进的工厂设计，提供新的技术装备，积极帮助三线培养又红又专的技术骨干，使三线建设从一开始就有先进的技术水平。②

第三节　三线建设的战略部署与实施进程

在三线建设战略思想和战略目标的指引下，中共中央、国务院有关部门对如何加强三线建设的组织管理、如何开展三线战略后方基地建设等方面进行了初期部署，以备战为中心，以均衡生产力布局和建设战略后方基地为目标的三线建设大规模展开。

一、三线建设的管理体制

中共中央、毛泽东作出三线建设的决策后，为了确保三线建设这一全国性的宏大的系统工程得以有效实施，中共中央采取统一领导、分工协作的方式进行组织管理。三线建设初期，中共中央从三个方面进行了具体部

① 陈夕：《中国共产党与三线建设》，中共党史出版社2014年版，第157页。

② 中共中央文献研究室：《建国以来重要文献选编》(第二十册)，中央文献出版社2011年版，第321-322页。

署：一是在三线建设新的工厂，扩建部分工厂，由国家计委负责组织；二是把一线的“独生子”（即全国仅此一家的重要工厂）和配合后方建设所必需的工厂搬迁到三线，由国家建委负责组织；三是组织好全国的工业生产，为三线建设提供设备和材料，由国家经委负责。①

为进一步加强三线建设的组织领导，1965 年 2 月 26 日，中共中央、国务院作出《关于西南三线建设体制问题的决定》，进一步健全组织管理体制。《关于西南三线建设体制问题的决定》指出：(1)凡是在三线一个地区建设的重大综合项目，如以钢铁为中心的攀枝花工业基地的建设，以重庆为中心的常规兵器工业的配套建设，以及铁路建设工程等，都应采用大庆经验，即集中领导、各方协作的办法，以中央主管部(门)为主，负责统一指挥，统一管理，有关各省、区、市和各部门协助进行。(2)西南三线的中央直属建设项目，所有建设的施工力量、技术力量、设备和材料，由各有关部委统一安排，负责解决，并由国家经委(在国家建委成立后由国家建委)督促检查执行情况。所需的地方建筑材料、地方协作产品、粮食和副食品供应、临时工以及其他问题，如协调地方与建设人员的关系等，由有关省、区、市负责安排。② 为了加强对整个西南三线建设的领导，《关于西南三线建设体制问题的决定》还提出要成立西南局三线建设委员会，由李井泉同志任该委员会主任，程子华、阎秀峰同志为副主任。同时还强调了西南局三线建设委员会的工作任务，即领导和督促检查中央各部负责的基建项目按国家要求的规模、质量、进度进行建设；领导和督促检查各有关省、市在人力、地方建筑材料、地方协作产品、粮食和副食品供应等方面对各建设项目的支援；领导和督促检查由各省、市负责的地方建设项目的进行。中共中央作出成立西南局三线建设委员会的决定后，1966 年 1 月，中共中央批准成立西北局三线建设委员会，中共中央西北局第一书记刘澜涛任主任。为了进一步组织三线建设，中共中央、国务院还批准成立了攀枝花特区党委和工地指挥部、西南铁路建设指挥部、以重庆为中心的常规兵器工业基地建设指挥部等。

至此，三线建设的组织管理体制已基本确立。三线建设是中国工业化进程中带有急迫性质的大规模的经济资源调整，堪称宏大的系统工程，因此，中国领导人采取了打破常规的特殊领导方式和管理体制，实行中央、西

① 薄一波：《若干重大决策与事件的回顾》(下)，中共党史出版社 2008 年版，第 844 页。

② 中共中央文献研究室：《建国以来重要文献选编》(第二十册)，中央文献出版社 2011 年版，第 67-68 页。

南局与西北局三线建设委员会和建设项目现场指挥部三级分权管理的组织方式。[①] 中共中央主要负责三线建设方针、政策的制定，三线建设项目的投资和规划布局以及对三线建设委员会的实施方案的审查等；西南局和西北局三线建设委员会主要负责三线建设方针、政策的贯彻落实，各建设项目设计方案的审定以及对项目实施情况进行督促、检查等；建设项目现场指挥部主要负责具体项目的建设计划，并统一指挥和协调各有关方面的工作。实行这样的领导组织方式，有利于加强中共中央和各部门、各地方的协作配合，把中央的集中领导与各个部门和各级地方和企业的积极性结合起来，提高工作效率，同时也有利于提高参加三线建设的干部、工人、农民、工程技术人员和解放军指战员的积极性。

为了配合三线建设组织管理体制的实施，一些相关部门也采取了改革措施。如在物资管理方面，物资部门改变了按行政区划设置供应机构和调配物资的传统管理方式，根据项目建设的需要设置物资供应机构，就近组织物资供应。同时，物资部还在西南专设了指挥部，在成都、重庆、自贡、渡口等中心城市和重点建设地区设立物资局，负责区内建设项目的物资供应。其中一、二类物资，由中央各部把指标划转给物资部，由物资部统一向生产企业订货，生产企业则直接发货到建设项目所在地的物资局，然后由物资局配套供应给建设单位。三类物资，由国务院财贸办公室派驻在西南的工作组(包括商业、粮食、供销社等部门的代表)，会同当地财贸部门组织货源，由所在地区物资局统一供应给建设单位。[②] 这一物资管理方式，使物资供应中长期存在的不配套、不及时、迂回运输、多头供应等严重问题得到一定改善。在劳动管理方面，推行了两种劳动制度：建筑施工采取了中央主管部门的专业建筑队伍、地方专业建筑队伍和农民建筑队伍三结合的形式；生产企业采取了固定工和合同工、轮换工相结合的劳动制度。两种劳动制度的实施，保证三线建设项目所在地有大量的、保持最佳年龄、具有机动性的施工力量。

二、三线战略后方基地建设的实施方式

为了加快三线战略后方基地建设，从 1964 年下半年开始，三线建设按照三种方式全面展开：一是投资新建，主要采取老工业区、老企业支援新建

① 马泉山：《新中国工业经济史》(1966—1978)，经济管理出版社 1998 年版，第 255 页。

② 《当代中国的经济体制改革》编辑委员会：《当代中国的经济体制改革》，当代中国出版社、香港祖国出版社 2009 年版，第 465 页。

项目的办法，而且强调支援三线“人要好人、马要好马”，对口包干，负责到底；二是沿海地区老企业向三线地区搬迁，这种方式也伴有部分新的投资，以搬迁的部分为基础，加以补充或扩建；三是利用原有基础（包括已有工业企业和已停缓建的半拉子工程）进行改建扩建。三线建设中实施这三种方式，可以使建设项目在较短的时间内竣工投产，尽快发挥效益，加快建设进度。

为了部署搬迁工作，1965 年 8 月，国家基本建设委员会在北京专门召开全国搬迁工作会议，对 1966 年的搬迁计划和第三个五年计划期间的搬迁规划交换了意见。关于搬迁工作的方针，会议指出，搬迁工作必须立足于战争，从准备大打、准备早打出发，坚决地快搬、早搬，决不能松劲动摇。国防尖端工厂、重要的军工工厂及其必要的协作配套工厂，有关国计民生的骨干工厂，生产全国短线产品和三线缺门产品的重要工厂，以及全国独一无二的重要工厂和关键设备，都应当积极采取措施，逐步搬到内地。搬迁的形式和方法基本上是两种：一种是全迁；一种是分迁（一分为二或一分为几）。分迁应当是当前的主要形式。搬迁工作要和一线的工业调整、技术改造、采用新技术等结合起来考虑，尽可能不打乱一线的生产体系，不降低生产水平，不减少产品品种。在具体布点时，要兼顾国防安全和经济合理。少数国防尖端项目，必须按照“分散、靠山、隐蔽”的原则进行建设，有的甚至还要进洞。一般军工企业和民用工业的建设，应当尽可能靠近原料、燃料、水源、电源，并且把一些在生产上有密切联系的工厂成组地布置在一起，建成一些适当分散的工业点。① 会议还对第三个五年计划期间的搬迁规划作出安排，指出，第三个五年计划期间的搬迁规划，初步安排 369 个项目，加上 1965 年年底可搬完的 127 个项目，1964 年至 1970 年共搬迁近 500 个项目（1967 年至 1970 年军工企业和科研机构项目尚未提出）。从一线迁出的职工约 198000 人，设备约 2 万台。其中，1966 年初步安排搬迁 159 个项目（包括 1965 年结转的 87 项），共需投资 7.5 亿元左右。②

对于老工业基地、老企业支援内地建设的问题，1966 年 5 月 9 日，国家计委、国家建委向中共中央、周恩来提出的《关于老基地、老企业支援新厂建设的几点建议》中指出，攀枝花钢铁基地和贵州水城铁厂由辽宁省和鞍山钢铁公司包建；酒泉钢铁公司由北京市和石景山钢铁公司包建；昆明钢

① 陈夕：《中国共产党与三线建设》，中共党史出版社 2014 年版，第 182-134 页。

② 陈夕：《中国共产党与三线建设》，中共党史出版社 2014 年版，第 190 页。

铁厂由上海市包建。担负支援和包建任务的老基地、老厂矿，从筹建、施工到建成投产，要一包到底。具体任务是：为新厂配备领导班子和技术骨干；为新厂提供设备和材料，凡是新厂需要的，支援和包建单位能够调出来的要调出来，能够制造的帮助制造，能够配套的帮助配套，而不是由国家统一解决；为新厂的试验研究工作提供技术资料和投产初期必需的备品备件，使新厂投产后能够很快地出产品。[①]

三、三线建设的实施进程

三线建设1965年拉开帷幕，1966年大规模展开。三线建设的实施分阶段进行，首先集中人力、财力、物力，重点以西南川、黔、滇和西北陕、甘为主攻方向，然后向中南“三西”地区（豫西、鄂西、湘西）推进。

“三五”计划时期，三线建设重点在西南地区展开，主要建设了几条重要的铁路干线以及钢铁、煤炭、电力、石油、机械工业、化学工业等重点项目：连接西南的川黔、成昆、贵昆、襄渝、湘黔等几条重要铁路干线；攀枝花、酒泉、武汉、包头、太原等五大钢铁基地项目；包括贵州省的六枝、水城和盘县（现更名为盘州市）等12个矿区在内的煤炭工业项目；四川省的映秀湾、龚嘴，甘肃省的刘家峡水电站，以及四川省的夹江、湖北省的青山火电站等电力工业项目；以四川省的天然气开发为重点的石油工业项目；四川德阳重机厂、东风电机厂和贵州轴承厂等机械工业项目；为国防服务的化学工业项目。据统计，“三五”期间，三线地区投资为482.43亿元，占基本建设投资总额的52.7%；整个内地建设投资为611.15亿元，约占基本建设投资总额的66.8%；沿海投资为282.91亿元，约占30.9%。[②] 这一时期，国家还有计划地把沿海地区的一批老企业逐步搬迁到三线地区。截至1971年末，全国内迁项目共计380个，包括14.5万名职工和3.8万台设备。[③]

“四五”计划时期，在继续进行大西南建设的同时，三线建设的重点转向“三西”地区（豫西、鄂西、湘西）。这一时期，根据战备和经济发展状况的要求，中共中央强调要有计划有步骤地发展国防、机械、冶金、燃料、化学等

---

① 《当代中国的计划工作》办公室：《中华人民共和国国民经济和社会发展计划大事辑要》（1949—1985），红旗出版社1987年版，第244页。

② 沿海加内地数字，不等于全国总计。其中有一部分是全国统一购置机车车辆、船舶、飞机等不分地区的投资。国家经济贸易委员会：《中国工业五十年——新中国工业通鉴》（第五部上卷），中国经济出版社2000年版，第44页。

③ 国家经济贸易委员会：《中国工业五十年——新中国工业通鉴》（第五部上卷），中国经济出版社2000年版，第45页。

工业项目，同时将全国划分为西南、西北、中原、华南、华东、华北、东北、山东、闽赣和新疆等10个经济协作区，要求在每个协作区内逐步建立不同水平、各有特点、各自为战、大力协同的工业体系和国民经济体系，还要求各省尽快建立为农业服务的地方工业体系。1971年9月，周恩来主持中央日常工作，对"四五"计划的建设方针和具体安排作了调整，提出在加强经济建设的基础上加强国防工业的建设，着重解决基建战线过长、三线建设过急对国民经济的影响问题，对基建资金的分配也作了调整，加强了对沿海地区的投资，降低了军政费用的支出比重。[①] 1970年至1972年，三年间国防工业投资达91.23亿元，占同期工业基本建设投资总额的16%左右，这三年是1949年至1985年中国防工业完成基本建设投资比重最高的三年。[②] 相应地，为完成翻番任务，民用各工业部门也到处建项目，地方小型工业项目的建设规模也不断扩大。在沿海与内地的基本建设投资方面，从1972年起，开始着手调整沿海与内地的投资比例，适当增加了对沿海的投资比重。据统计，"四五"期间，内地基本建设投资总额为898.67亿元，占全国基本建设投资总额的53.5%，其中三线地区的投资额为690.98亿元，占全国基本建设投资总额的41.1%，比"三五"计划时期分别下降13.3个百分点和11.6个百分点；沿海地区投资比重上升了8.5个百分点，投资额达到661.35亿元。[③]

"五五"计划时期，三线地区主要是收尾配套。1975年10月，国家计划委员会在《发展国民经济十年规划要点》中指出，经过"三五""四五"两个五年计划的建设，现在三线战略后方基地初步形成，基础工业和国防工业的骨架已经搭起来了。当前的问题，一是农业和轻工业都比较薄弱。二是重工业内部不大配套。"五五"期间要继续重点建设三线，主要是充实加强，成龙配套，把三线建成一个"硬三线"，准备打仗；一、二线地区，"五五"期间要继续发展，充分利用。把一、二线的生产建设安排好，可以加快经济建设的速度，更有力地支援三线。[④] 在地区布局上，从"四五"后期开始由内地向沿海经济发达区域逐步转移，东部投资比重上升。在两批引进的47个主要成套项目中，位于东部的24个，中部和西部分别为12个和11个。在东

① 董辅礽：《中华人民共和国经济史》(上卷)，经济科学出版社1999年版，第550页。

② 《当代中国的基本建设》编辑委员会：《当代中国的基本建设》(上)，当代中国出版社、香港祖国出版社2009年版，第130-131页。

③ 马泉山：《新中国工业经济史》(1966—1978)，经济管理出版社1998年版，第254页。

④ 国家经济贸易委员会：《中国工业五十年——新中国工业通鉴》(第五部上卷)，中国经济出版社2000年版，第324页。

部地区中，又主要集中在辽宁中部、京津唐、长江三角洲及长江下游沿岸、山东半岛等地区。[①] 从沿海和内地基本投资比重来看，“五五”计划时期，沿海地区基本建设投资占全国的比重从“三五”计划时期的30.9%和“四五”计划时期的39.4%上升为42.2%；内地基本建设投资占全国的比重则从“三五”计划时期的66.8%和“四五”计划时期的53.5%下降为50.0%。

第四节　对三线建设的评价

三线建设建立起来的国防体系和基地，增强了反侵略战争的潜能，扩展了国家战略纵深，对巩固国防力量和加速国防现代化建设具有重要战略意义。三线建设还初步建立起具有相当规模、门类齐全、科研和生产结合的战略大后方现代工业交通体系，初步改变了中国内地基础工业薄弱、交通落后、资源开发水平低下的状况，初步改善了中国东西部经济发展不平衡的格局。同时，三线建设在取得成就的同时也存在诸多问题，需要我们从历史的辩证的视角对三线建设的得失进行评价。

一、三线建设对加强国防力量的巩固具有重要战略意义

中共中央和毛泽东作出的三线建设重大战略决策，是在近现代以来的中国历史上，第一次确立了以东西方划分前后方的国防战略方针。三线建设战略的实施，在内地建立起一大批门类齐全、元器件与整机配套、军民用兼有的常规兵器工业基地、电子工业基地、核战略武器科研生产基地、战略导弹和战术导弹基地、火箭动力系统研制生产基地、卫星地面测控中心、卫星发射中心、造船和船用设备以及水中兵器生产基地等国防工业体系和基地。其中，以重庆为中心的常规兵器工业基地体系，不仅能够大批量生产轻武器，而且能够生产相当数量的先进重武器。在四川、贵州、陕西的电子工业基地，形成了生产门类齐全、元器件与整机配套、军民用兼有的体系。四川、陕西等地的核战略武器科研生产基地，拥有从铀矿开采提取、元件制造到核动力、核武器研制的核工业系统。贵州、陕西、四川、湖北等地的航空工业基地建成的125个项目，到1975年占全国生产能力的2/3。四川、陕西、贵州、湖北、湖南等地的航天工业基地建有96个项目，形成了比较完

① 王梦奎、李善同：《中国地区社会经济发展不平衡问题研究》，商务印书馆2000年版，第265页。

整的战略导弹、战术导弹、火箭动力系统研制生产基地，中国第一个自行设计建设的卫星地面测控中心、西昌卫星发射中心等。船舶工业在长江中上游的川东、鄂西、广西、云南、江西等地建设了造船、船用设备、水中兵器生产基地和十余个科研设计机构。三线建设建立起来的国防体系和基地，扩展了国家战略纵深，营造了战略大后方，增强了反侵略战争的潜能，具有预防、遏制战争，让侵略者“打不起”，从而抑制强敌对我国的军事冒险，这是一个经济落后的大国维持国家和平与自主发展，并争得时间壮大实力的成功战略。

二、三线建设初步改善了中国东西部经济发展不平衡的格局

除了加强备战和巩固国防力量外，从区域工业化和现代化的角度来说，三线建设又是一次空前规模的内地经济开发与建设。通过三线建设，推动了中国生产力布局由沿海向内地大幅度推移，加速了内地的工业化建设，初步建立起具有相当规模、门类齐全、科研和生产结合的战略大后方现代工业交通体系，初步改变了中国内地基础工业薄弱、交通落后、资源开发水平低下的状况，使长期不发达的内地和少数民族地区社会经济、文化水平得到显著提高，缩小了内地与沿海地区的差距。

在基础工业方面，建成了一大批机械工业、能源工业、原材料工业的重点企业和基地。1965 年至 1975 年，三线地区共建成 124 个机械工业大中型项目。湖北第二汽车制造厂、陕西汽车制造厂、四川汽车制造厂生产的汽车，占当时全国汽车年产量的 1/3。东方电机厂、东方汽轮机厂、东方锅炉厂形成了内地电机工业的主要体系。12 个重型机器、矿山、起重、压延机械厂的建成，增强了三线地区的重型机器设备制造能力。三线地区还初步形成了重庆、成都、贵阳、汉中、襄樊(今襄阳)、西宁等新的机械工业基地，到 1979 年，机械产品生产能力已相当于 1965 年的全国水平。能源工业建设方面，建成了贵州六盘水地区和陕西渭北地区的煤炭基地，湖北的葛洲坝水电站，甘肃的刘家峡、八盘峡水电站，贵州的乌江渡水电站，四川石油天然气开发，陕西秦岭火电站等。到 1975 年，三线地区的煤炭产量从 1964 年的 8367 万吨增加到 2.12 亿吨，占全国同期增加总额的 47.9%；年发电量从 1964 年的 149 亿千瓦时增加到 635 亿千瓦时。原材料工业建设方面，建成了攀枝花钢铁基地和以重庆钢铁公司、重庆特殊钢厂、长城钢铁厂、成都无缝钢管厂为骨干的重庆、成都钢铁基地，在四川西昌、甘肃兰州等地还建成了铜、铝工业基地。这一时期共建成钢铁企业 984 个，工业总

产值比1964年增长4.5倍;建成有色金属企业945个,占全国总数的41%,10种有色金属产量占全国的50%。

在交通运输方面,从1965年起建成了川黔、贵昆、成昆、湘黔、襄渝、阳安、太焦、焦枝和青藏铁路西宁至格尔木段等多条干线,加上支线和专线,共新增铁路8046公里,占全国同期新增里程总数的55%,使三线地区的铁路占全国的比重,由1964年的19.2%提高到34.7%,货物周转量增长4倍多,占全国的1/3。公路建设方面,新增里程22.78万公里,占全国同期的55%。这些铁路、公路的建设,改变了西南地区交通闭塞的状况,对以后内地的现代化建设发挥了重要作用。

三线建设还为内地城市带来了发展机遇,促进了内地经济社会发展。三线建设中,除了原有的一批中心城市得到进一步发展外,在过去人烟稀少的荒山僻野,还建成了攀枝花、六盘水、绵阳、十堰、西昌等以钢铁、煤炭、汽车和有色金属等为特色的新兴工业城市。三线建设还使建设项目所在地的古老城镇的面貌发生重大改变,如四川的德阳、绵阳、广元、乐山、自贡、泸州,贵州的遵义、安顺、都匀、凯里,云南的曲靖,陕西的宝鸡、汉中、铜川,甘肃的天水,河南的平顶山、南阳,湖北的襄樊(今襄阳)、宜昌,山西的侯马等城市,随着三线建设的开展发展成工业城市。随着三线建设的开展,一些铁路和公路的开通、矿产资源的开发以及科研机构和大专院校的入驻,还显著地提高了长期不发达的内地和少数民族地区的社会经济和科技文化水平。

三、三线建设实施中存在的问题和反思

三线建设在取得一定成就的同时,由于片面强调战备的要求,在实施中也存在诸多问题,主要体现在:建设规模铺得过大,进程过快过急,造成了严重的浪费与遗留问题;过分突出以国防工业为重点的重工业建设,造成了国民经济各部门间比例严重失调,生活欠账十分严重;在选定厂址的布局上,强调"靠山、分散、隐蔽",影响了经济效益的提高。

第一,片面强调战备的要求,建设规模铺得过大,进程过快、过急,造成了严重的浪费与遗留问题。一方面,随着三线建设的开展,尤其是1969—1971年,在中苏武装冲突事件影响下,三线建设规模急剧膨胀,新建和内迁的大中型项目有1000多个,原料、资金、设备都难以到位。"四五"计划时期,三线地区国防科技工业的投资每年达25亿元,全国新建军工厂700多个,投资210亿元,相当于新中国成立20年来国防军工建设投资累计总数

的 140%。[1] 随着新建、改建、扩建工程同时上马，建设规模过于庞大，超过了国家的承受能力，造成资金和物资极度紧张，某些项目质量低劣、浪费严重。除了国防工业的建设规模过大外，"四五"期间，由于强调建立地方独立的工业体系，搞"大而全""小而全"，大量的军事工业、民用工业、原材料工业、加工工业等一齐上马，建设内容过多，投资安排过大，也造成了严重的浪费。另一方面，三线建设的进程过快过急，许多项目未进行充分的技术论证，在缺乏生产和建设基本条件的情况下就匆忙动工，往往边设计、边施工、边投产，并提倡抢时间、抢进度，导致一部分工程中途下马，还有些则长期不能投产，带来了严重的经济损失。

第二，过分突出以国防工业为重点的重工业建设，造成了国民经济各部门间比例严重失调，生活欠账十分严重。在重工业建设投资方面，据统计，1965—1975 年，全国用于重工业建设的投资累计高达 1455.7 亿元，占同期基本建设投资总额的 49.9%，占同期工业基本建设投资总额的 90.5%，大大高于强调优先发展重工业的"一五"计划时期。[2] 相比重工业投资，1965—1975 年，累计轻工业完成投资仅为 152.6 亿元，而且轻工业主要工业产品累计新增能力增长缓慢，致使广大人民和新增人口最必需的消费需求得不到满足。在国民经济其他部门的建设投资方面，1965—1975 年，城市建设投资累计仅完成 55.4 亿元，住宅建设累计完成投资 149.97 亿元，新增住宅面积 1.9 亿平方米，平均每年只新增 1700 多万平方米，不能适应同期新增人口用房的需要，原有的住房紧张情况不仅没有得到缓解，反而更加严重。

第三，在选定厂址的布局上，强调"靠山、分散、隐蔽"，违背了客观规律，影响了企业的生产布局效益，拉长了基本建设周期，影响了基本经济建设的投资效果。一方面，三线建设中，把一些骨干项目安排在交通不便、人烟稀少的大山沟里，而且大搞"一厂一点""一厂一线""一厂一电""一厂一水""一厂一区"，工厂布局分散，忽视了协作配套、成组布局，造成交通运输、生产管理、配套协作十分不方便，企业之间、工业部门之间、产业之间等无法建立正常的经济联系，影响了综合生产能力的形成，造成极大的经济损失。而且这些企事业单位由于远离当地的经济中心地区，对周边地区的

① 陈东林：《三线建设——备战时期的西部开发》，中共中央党校出版社 2003 年版，第 430 页。

② 《当代中国的基本建设》编辑委员会：《当代中国的基本建设》（上），当代中国出版社、香港祖国出版社 2009 年版，第 157 页。

经济发展也难以产生辐射带动作用，造成区域整体经济效益得不到提高。另一方面，一些工业部门和大批企业建在崇山峻岭之中，使基本建设周期延长，影响了基本建设投资的效果。从建设周期来看，“一五”时期，大中型项目平均建设周期为 6 年，1971—1976 年延长到 11.5 年。从固定资产交付使用率看，“三五”“四五”时期，全国基本建设固定资产交付使用率分别仅为 59.4%和 61.4%，均比“一五”时期（83.6%）、“二五”时期（71.5%）和国民经济调整时期（87.2%）的数值要低。[①] 从基本建设投资效果系数来看，1966—1976 年三线地区每 1 元基本建设投资提供的国民收入只有4.98元，比全国水平的 6.87 元低 27.5%，比一线地区的 9.34 元低 46.7%；每 1元基本建设投资提供的国民收入增加额只有 0.309 元，比全国水平的 0.406元低 23.9%，比一线地区的 0.655 元低 52.8%。[②]

尽管以备战和加强内地建设为重点的三线建设在实施中存在一些问题，但我们不能片面否定三线建设的战略决策，要从历史的辩证的视角对三线建设的战略决策进行评价。凡事预则立。尽管中国政府和人民不希望看到战争，但也决不畏惧战争而放弃一寸领土，因此将战争伤亡和经济损失减小到最低程度的预防，是完全必要的。[③] 战争的爆发和制止战争从来都是由多种因素构成的，有所准备也是制止战争的因素之一。[④] 有准备而战争没有爆发，至多是造成一些浪费；没有准备而遇到战争，则要面临遭受沉重打击甚至灭亡的风险，两者的损益不能完全成比例，为国家安全付出的代价是非常值得的。同时，我们还应当看到，通过三线建设实现战略纵深布局和遏制战争，不仅为国防现代化道路的探索作出了历史贡献，还为我国社会主义建设提供了保障，特别是为改革开放以来赢得长时期和平发展机会奠定了基础。

另外，三线建设得失相比，得是长期起作用的因素，是国家战略利益所系；失是得的必要代价，从根本上说是外部敌对势力强加给中国人的，也是暂时的，终归会得到补偿。不妨把一定历史背景下的三线建设带来的因资

---

① 国家统计局固定资产投资统计司：《中国固定资产投资统计年鉴》（1950—1995），中国统计出版社 1997 年版，第 178 页。

② 陈东林：《三线建设——备战时期的西部开发》，中共中央党校出版社 2003 年版，第 434-435 页。

③ 陈东林：《三线建设——备战时期的西部开发》，中共中央党校出版社 2003 年版，第 408 页。

④ 李彩华、姜大云：《我国大三线建设的历史经验和教训》，《东北师大学报》（哲学社会科学版）2005 年第 4 期。

源配置不经济而产生的效率与效益损失，计入工业和国民经济发展的必要社会成本中。这一部分成本属于国家经济安全与国防安全支出成本，是一种必要的扣除，何况从经济发展的后续期看，落后地区的开发一旦进入收获期，原来的投入将会在或长或短的时期里得到补偿，在这一点上，三线建设中的一部分效率、效益损失是暂时性的，与纯粹为预防灾害而垫付的那一部分成本又是不同的，同纯粹的军费开支也是不同的。[①]

① 马泉山:《再谈三线建设的评价问题》,《当代中国史研究》2011 年第 6 期。

第四章

沿海地区优先发展与区域经济非均衡发展战略的实施

随着中共十一届三中全会的召开，发展生产力、提高经济效益成为国民经济发展的指导方针，同时，邓小平在《解放思想，实事求是，团结一致向前看》的讲话中指出，允许一部分地区先富起来，可以产生极大的示范作用，带动其他地区逐步实现共同富裕。基于国民经济指导方针的转变和“先富共富”的区域发展思路以及沿海地区发展的比较优势，改革开放至20世纪90年代初期，我国实施了重点扶持沿海地区发展、并逐步带动中西部地区发展的区域经济非均衡发展战略，国家不断加大对外开放的步伐，并在财税、产业布局、投资等方面给予东部沿海地区优惠政策，还将全国划分为东部、中部、西部三个经济地带（又称“三大地带”），并根据三个经济地带不同的资源条件、经济基础等，安排不同的投资项目，促进了各地区经济增长速度的提高。但与此同时，区域经济非均衡发展战略的实施也导致了区域差距的拉大和区域产业结构趋同以及区域之间的利益摩擦和冲突。

第一节　区域经济非均衡发展战略实施的国内外背景

中国区域经济均衡发展战略向非均衡发展战略的转变有其深刻的国际国内背景，主要表现在六个方面。

一、国际形势变化的影响

随着20世纪70年代国际政治关系的调整，世界范围内反对霸权主义的力量不断加强，各国人民要求和平的呼声日益强烈。针对国际形势发生的重大变化，关于战争与和平问题，邓小平指出，“过去我们的观点一直是战争不可避免，而且迫在眉睫。我们好多的决策，包括一、二、三线的建设布局，‘山、散、洞’的方针在内，都是从这个观点出发的。这几年我们仔细地观察了形势，认为就打世界大战来说，只有两个超级大国有资格，一个苏联，一个美国，而这两家都还不敢打。……世界战争的危险还是存在的，但是世界和平力量的增长超过战争力量的增长。这个和平力量，首先是第三世界，我们中国也属于第三世界。第三世界的人口占世界人口的四分之三，是不希望战争的。”[①]邓小平还指出，“世界新科技革命蓬勃发展，经济、科技在世界竞争中的地位日益突出，这种形势，无论美国、苏联、其他发达国家和发展中国家都不能不认真对待。由此得出结论，在较长时间内不发生大规模的世界战争是有可能的，维护世界和平是有希望的。”[②]邓小平对国际形势的新判断，对我国区域经济发展战略的调整具有重要意义。时代主题的转换，战后逐渐兴起的新技术革命浪潮，使中国具有了同世界其他国家发展经贸关系的良好国际环境，为中国经济和社会发展带来了难得的机遇和挑战，也为区域经济发展战略的调整提供了前提和基础。中国要抓住机遇大力发展经济，积极参与全球经济和科学技术的竞争，努力摆脱贫困和落后。中国区域经济发展战略的选择，应该根据世界经济发展的总趋势来及时调整思路，区域经济发展布局要转向经济条件较好的东部沿海地区，提高经济发展的效益和综合国力，加快中国现代化的进程，努力融入世界经济发展的潮流。

二、中共十一届三中全会召开后经济发展方针的转变

1978 年 12 月 18 日至 22 日召开的中共十一届三中全会，作出了把全党工作的着重点从“以阶级斗争为纲”转移到“以经济建设为中心”的社会主义现代化建设上来的重大决策。这一伟大的历史转折也为中国区域经济发展战略的转变提供了新的契机。具体表现在四个方面。

(一)经济发展战略目标向“提高经济效益”转向

中共十一届三中全会召开后，中国经济发展由过去片面追求高速度的急躁冒进发展道路开始转向以提高经济效益为中心、保证国民经济稳定、

① 邓小平:《邓小平文选》(第三卷)，人民出版社 1993 年版，第 126-127 页。

② 邓小平:《邓小平文选》(第三卷)，人民出版社 1993 年版，第 127 页。

协调、健康发展道路。1981年11月30日至12月13日召开的第五届全国人民代表大会第四次会议讨论了转变中国经济建设指导方针的问题。会议提出了国民经济建设的十条方针,认为这十条经济建设方针,是调整、改革、整顿、提高方针的具体体现,今后,我们考虑一切经济问题,必须把根本出发点放在提高经济效益上。我们要彻底改变长期以来在"左"的思想指导下的一套老的做法,真正从我国实际情况出发,走出一条速度比较实在、经济效益比较好、人民可以得到更多实惠的新路子。[①] "提高经济效益"这一根本目标的提出,直接引导国家投资和发展重点向经济效益较好的沿海地区倾斜,改变了区域生产力布局,促进了区域经济非均衡发展战略的实施。

(二)经济体制改革新要求的提出

中共十一届三中全会对经济体制改革也提出了新的要求,指出现在我国经济管理体制的一个严重缺点是权力过于集中,应该有领导地大胆下放,让地方和工农业企业在国家统一计划的指导下有更多的经营管理自主权;应该着手大力精简各级经济行政机构,把它们的大部分职权转交给企业性的专业公司或联合公司;应该坚决实行按经济规律办事,重视价值规律的作用。[②] 经济体制改革的新要求对区域经济发展战略的调整提供了制度保障。改革开放前我国实施的区域经济均衡发展战略是在高度集权的计划经济体制下进行的。随着计划经济体制向市场经济体制逐步转轨,市场在资源配置中的作用日益凸显,同时中央及各专业部门的权力有所削弱,而地方的地位和作用则逐步加强。因此,过去那种以中央政府为主体的高度集中统一的区域经济均衡发展战略必然会被"效率优先、兼顾公平"的适应社会主义市场经济体制的区域经济非均衡发展战略所取代。

(三)全党工作着重点向社会主义现代化建设的转移

新中国成立后,实现全国人民的共同富裕成为中国共产党追求的首要目标。改革开放前,在处理区域经济发展问题时,过分追求国民经济的空间均衡化,导致了地区经济结构趋同、区域之间缺乏横向联系,资源配置效率和经济效益低下等诸多问题。更严重的是忽视了沿海老工业基地生产力的充分利用,使内地建设失去有力支持,也延缓了社会生产力的整体提高。邓小平在总结这段历史经验教训时说,"多少年来我们吃了一个大亏,

① 《人民日报》,1981年12月1日。
② 《人民日报》,1978年12月24日。

社会主义改造基本完成了，还是‘以阶级斗争为纲’，忽视发展生产力。”[①]

中共十一届三中全会以后，党中央通过对过去30年经济建设教训的认真反思，确立了以发展生产力为中心的社会主义初级阶段的基本路线，提出“社会主义社会的根本任务是发展生产力”的重要观点。中共十三大报告指出：“在初级阶段，为了摆脱贫穷和落后，尤其要把发展生产力作为全部工作的中心。是否有利于发展生产力，应当成为我们考虑一切问题的出发点和检验一切工作的根本标准。”[②]社会主义社会根本任务的提出是对中国社会主义初级阶段基本国情的正确认识，也为区域经济发展战略的顺利转变提供了坚实的理论前提。由于当时中国处在社会主义初级阶段，区域经济发展极不平衡，片面追求生产力平衡发展，必然忽视经济效益的提高。确立发展生产力在区域经济布局中的主导地位，将有利于区域经济非均衡发展战略的实施和区域经济整体效益的优化。

（四）现代化分“三步走”的战略目标的实施

中共十一届三中全会之后，党中央根据社会主义初级阶段的基本国情，在总结历史经验教训的基础上，清醒地认识到“社会主义经济建设必须从我国国情出发，量力而行，积极奋斗，有步骤分阶段地实现现代化的目标”。[③] 1982年9月，邓小平在中国共产党第十二次全国代表大会的开幕词中指出，我们的现代化建设，必须从中国的实际出发，把马克思主义的普遍真理同我国的具体实际结合起来，走自己的道路，建设有中国特色的社会主义，这就是我们总结长期历史经验得出的基本结论。[④]

这种从实际出发的中国现代化发展战略构想，为区域经济发展提供了重要的理论依据。中国幅员辽阔，各地区在自然资源、地理区位、产业结构、经济发展水平等方面存在较大差异，为更好地实现“三步走”的发展战略，中国只有打破均衡发展的传统思维模式，考虑和承认各地区的特点和差别，扬长避短，才能保证社会主义现代化建设的顺利进行和最大限度地促进国民经济整体优化。

---

① 邓小平：《邓小平文选》（第三卷），人民出版社1993年版，第141页。

② 中共中央文献研究室：《十三大以来重要文献选编》（上），人民出版社1991年版，第13页。

③ 中共中央文献研究室：《三中全会以来重要文献选编》（下），人民出版社1982年版，第840页。

④ 邓小平：《邓小平文选》（第三卷），人民出版社1993年版，第2-3页。

三、"部分先富、先富带后富、逐步实现共同富裕"思想的指导

1978 年 12 月 13 日，邓小平在中共中央工作会议闭幕会上发表了题为《解放思想，实事求是，团结一致向前看》的讲话，第一次提出了部分先富、先富带后富、逐步实现共同富裕的构想。他提出："在经济政策上，我认为要允许一部分地区、一部分企业、一部分工人农民，由于辛勤努力成绩大而收入先多一些，生活先好起来。一部分人生活先好起来，就必然产生极大的示范力量，影响左邻右舍，带动其他地区、其他单位的人们向他们学习。这样，就会使整个国民经济不断地波浪式地向前发展，使全国各族人民都能比较快地富裕起来。"①关于共同富裕思想，1980 年 1 月，邓小平在《目前的形势和任务》的讲话中指出："我们提倡按劳分配，对有特别贡献的个人和单位给予精神奖励和物质奖励；也提倡一部分人和一部分地方由于多劳多得，先富裕起来。这是坚定不移的。"②1984 年 10 月 20 日，中共十二届三中全会通过的《关于经济体制改革的决定》(简称《决定》)对邓小平共同富裕的思想作了充分肯定。《决定》指出，社会主义社会要保证社会成员物质、文化生活水平的逐步提高，达到共同富裕的目标。但是，共同富裕决不等于也不可能是完全平均，决不等于也不可能是所有社会成员在同一时间以同等速度富裕起来。只有允许和鼓励一部分地区、一部分企业和一部分人依靠勤奋劳动先富起来，才能对大多数人产生强烈的吸引和鼓舞作用，并带动越来越多的人一浪接一浪地走向富裕。③ 此后，邓小平对共同富裕思想又作出了新的阐释。1985 年 3 月，邓小平指出："社会主义的目的就是要全国人民共同富裕，不是两极分化。如果我们的政策导致两极分化，我们就失败了；如果产生了什么新的资产阶级，那我们就真是走了邪路了。我们提倡一部分地区先富裕起来，是为了激励和带动其他地区也富裕起来，并且使先富裕起来的地区帮助落后的地区更好地发展。"④1986 年 3 月，在会见新西兰总理朗伊时，邓小平指出："我们的政策是让一部分人、一部分地区先富起来，以带动和帮助落后的地区，先进地区帮助落后地区是一个义务。"⑤1986 年 8 月，邓小平在视察天津时指出："我的一贯主张是，

① 邓小平：《邓小平文选》(第二卷)，人民出版社 1994 年第 2 版，第 152 页。
② 邓小平：《邓小平文选》(第二卷)，人民出版社 1994 年第 2 版，第 258 页。
③ 《人民日报》，1984 年 10 月 21 日。
④ 邓小平：《邓小平文选》(第三卷)，人民出版社 1993 年版，第 110-111 页。
⑤ 邓小平：《邓小平文选》(第三卷)，人民出版社 1993 年版，第 155 页。

让一部分人、一部分地区先富起来，大原则是共同富裕。一部分地区发展快一点，带动大部分地区，这是加速发展、达到共同富裕的捷径。”①1986年12月，邓小平在《旗帜鲜明地反对资产阶级自由化》的讲话中提出，“我们要发展社会生产力，发展社会主义公有制，增加全民所得。我们允许一些地区、一些人先富起来，是为了最终达到共同富裕，所以要防止两极分化。这就叫社会主义。”②

邓小平提出的“部分先富、先富带后富、逐步实现共同富裕”的论断为中国区域经济发展战略的调整提供了理论指导。从区域经济发展的角度而言，中国各地区的自然资源分布和社会经济文化发展的条件存在较大差异，制定区域经济发展战略必须立足于不同地区地理环境、经济、社会等方面的差异和比较优势。与地处内地，交通不便、人才和资金短缺、技术落后的西部地区相比，东部沿海地区具有优越的地理位置、较好的工业化基础、较高的现代化水平，允许和鼓励这些地区先富起来，可以产生较大的示范效应，并推动其他地区和整个国民经济的发展。在邓小平这一重要的政策思想的指导和以发展生产力为中心的经济发展战略以及对外开放政策的指引下，东部沿海地区具有的比较优势使其必然成为中国改革开放的前沿和窗口。区域发展政策也必须打破均衡发展的思路，选择条件较好的东部沿海地区作为增长极，实施沿海地区优先发展的区域经济非均衡发展战略，在政策、体制、投资方面对东部地区倾斜，让其优先发展起来，再带动和帮助其他地区共同发展。

四、对改革开放前区域经济均衡发展战略存在问题的反思

从新中国成立之初到改革开放前30年，面对旧中国生产力严重失衡的格局和紧张的国际环境，中国共产党将比较落后的内地作为经济布局和投资的重点，通过优惠的财政政策和大量的投资大力加快内地工业建设步伐。据统计，在20世纪80年代之前，国家先后在内地投入了2000多亿元（人民币），形成固定资产1400多亿元，建成了大中型骨干企业和科研单位2500多个。③ 国家将一半以上的基本建设资金投入内地开发，使内地工业产值增加40多倍，其在全国工业总产值中的比重，由新中国成立之初的

① 邓小平：《邓小平文选》（第三卷），人民出版社1993年版，第166页。

② 邓小平：《邓小平文选》（第三卷），人民出版社1993年版，第195页。

③ 高新才：《中国经济改革30年》（区域经济卷），重庆大学出版社2008年版，第38页。

28%提高到1978年的36%左右。[①] 以“平衡生产力布局、加强内地建设、巩固国防”为目标的区域经济均衡发展战略的实施对于内地的经济发展、我国生产力非均衡布局的改善、民族团结和国家安全的增进曾发挥了积极作用。

但区域经济均衡发展战略的实施也产生了不容忽视的诸多问题：首先，这一战略违背了生产力发展的客观规律，通过抑制东部发达地区来强化内地的发展，反过来削弱了东部发达地区对内地经济发展的支持能力，所追求的只是一种低水平的平衡。而且，这一战略过分强调区域经济的均衡发展而忽视了经济发展的效率原则，造成了较大的资源浪费。尤其是三线建设，在内地，特别是在经济较为落后的区域所进行的生产力布局，实际上是一种“嵌入”的方式[②]，大小企业一律“靠山、分散、进洞”，布点较为分散，企业之间、工业部门之间无法建立起正常的经济联系，难以形成综合生产能力和产生规模经济效益。从基本建设投资的产出系数来看，以“三五”时期为例，三线地区最高的省份仅0.89(陕西)，差的仅0.15～0.25(贵州、青海)，而同期东部地区为1.7～6.69。从生产能力发挥的效益来看，截至1975年三线地区工业固定资产已占全国工业固定资产的35%，但工业产值在全国工业产值所占的份额仅25%；每百元固定资产提供的产值只相当于全国平均水平的69%；每百元资金提供的利税仅相当于全国平均水平的58%。[③] 从国民经济发展的总体水平和经济发展的速度和效益来看，1952—1978年，全国社会总产值、国民收入和工农业总产值的年递增率分别仅为7.6%、6.5%、7.8%，20世纪80年代这三个指标的数值分别是16.1%、14.6%、16.1%。“一五”时期全国工业产值年递增率为18%，“三五”时期降为11.7%，“四五”时期降为9.1%。全民所有制工业的资金利税率由“一五”时期的29.4%下降为“三五”时期的18.9%和“四五”时期的18.7%。[④] 其次，这一战略的实施抑制了各地区在经济建设方面的积极性，导致了区域间高度垂直型分工和单一纵向型经济联系。一方面，根据沿海与内地资源禀赋、经济、科技实力等方面存在的差异，为加强内地建设，中央政府将大量原料和能源指向型工业布局在内地，形成了内地以开发农

① 刘国光：《政治经济学》(四)，经济管理出版社1985年版，第37页。

② 林善炜：《中国经济结构调整战略》，中国社会科学出版社2003年版，第360页。

③ 周叔莲、裴叔平、陈树勋：《中国产业政策研究》，经济管理出版社2007年版，第167-168页。

④ 靖学青：《改革开放前30年中国生产力布局的客观评价》，《开发研究》1993年第6期。

业、矿产资源以及发展原材料工业为主，沿海以加工制造业为主的垂直型区域分工格局。同时，在内地建立的一些中央部署企业，在条块分割的区域管理模式下，与沿海工业企业间建立的是单一纵向型产业联系，不利于区域之间的分工与协作。另一方面，为加强中央政府对地区经济的统一管理和进一步平衡生产力布局，我国按自然地理位置和行政区划分协作区，并要求各个协作区根据本区域的资源等条件，按照全国统一的规划，分别建立大型的骨干工业和经济中心，形成若干个具有比较完整的工业体系的经济区域。为了适应各经济协作区建立独立完整的工业体系的需要，中央政府还将一些经济管理权限下放给地方。这次区域经济管理体制改革试图探索从以部门"条条"为主的计划经济体制转变为以地方为主的"条块"结合的管理体制，但在"大跃进"运动的影响下，这次改革并未触动行政性计划经济体制，不能发挥市场机制在地区之间配置资源的作用，加上过多过急的权力下放的同时缺少必要的制约，未能处理好中央和地方的关系，导致地区封锁倾向的滋生。各地从本地区利益出发，片面追求工业自成体系，本着"万事不求人"的原则，盲目投资建厂，重复引进、重复生产，致使全国的工业"遍地开花"，各经济区无法形成不同层次、各具特色的区际分工体系，经济秩序出现失控混乱状态。各地区"大而全""小而全"的经济结构导致了产业结构趋同化，也割裂了地区之间的联系和协作，严重影响了整个国民经济的发展速度和效益。

马克思列宁主义经典作家指出，任何事物的发展都是渐进性与飞跃性、前进性与曲折性的统一，都经历由不平衡到平衡，再由平衡到不平衡的过程。[①] 一国现代化进程中，区域经济的非均衡发展是普遍规律，特别对于中国这一地域辽阔、人口众多、原有经济基础薄弱且发展极不平衡的大国而言，更是必然经历的阶段。改革开放初期，经济效率成为主要的追求目标，超越一定时期生产力发展水平，过分追求地区间的均衡发展难以提高经济效率，更将难以实现各地区共同富裕的远大目标。邓小平指出，"我们坚持走社会主义道路，根本目标是实现共同富裕，然而平均发展是不可能的。过去搞平均主义，吃'大锅饭'，实际上是共同落后，共同贫穷，我们就是吃了这个亏。"[②]邓小平的深刻论断实际上是对传统区域经济均衡发展模式的反思。以牺牲效率为代价追求公平的区域经济发展思想并不符合中

① 高伯文：《中国共产党区域经济思想研究》，中共党史出版社 2004 年版，第 5 页。

② 邓小平：《邓小平文选》（第三卷），人民出版社 1993 年版，第 155 页。

国国情，中国的区域经济发展战略必然会经历从均衡到非均衡的重大调整。

五、梯度推移理论的引入及其影响

在我国理论界开始对传统社会主义区域经济理论进行反思的同时，也引入了国外盛行的梯度推移理论，这对中国区域经济发展理论的重构发挥了作用。梯度推移理论起源于美国哈佛大学费农教授首创的工业生产生命周期阶段论。该理论认为区域经济的盛衰主要取决于它的产业结构的优劣，而产业结构的优劣又取决于地区经济部门、特别是主导专业化部门在工业生命循环中所处的阶段。[①] 如果一个区域的主导专业化部门主要是由处在创新阶段的部门所组成，则这种地区经济发展迅速、实力雄厚，可被列入高梯度地区；如果一个地区的主导专业化部门由处在成熟阶段后期或衰老阶段的衰退部门所组成，则地区经济增长缓慢，这种地区属于低梯度地区。创新产业部门、新兴产业和高技术产业应在高梯度地区优先发展，而传统产业则应在低梯度地区发展，然后随着时间推移和生命循环阶段的变化，产业结构的优化逐步有序地从高梯度地区向低梯度地区转移。

梯度推移理论打破了片面强调"均衡布局"的传统区域布局模式，强调区域经济发展是一个不平衡的历史过程。区域经济政策应该因势利导，从客观实际出发，承认地区发展不均衡的现实，并充分利用梯度差的经济势能，在经济技术发达的高梯度地区优先安排投资和建设项目，重点发展知识密集型和技术密集型产业，并通过产业和要素从高梯度地区向低梯度地区的转移，带动落后地区的发展。改革开放以来，在计划经济向市场经济过渡的初始阶段，该理论符合经济发展的客观规律和中国经济发展阶段的客观要求，反映了经济效益最大化原则，为中国区域经济发展战略的转变提供了理论指导。

第二节　区域经济非均衡发展战略的实施

基于国际国内形势和中共十一届三中全会召开后我国经济发展指导方针的转变，改革开放至 20 世纪 90 年代初期，我国实施了沿海地区优先

① 胡代光、高鸿业：《西方经济学大辞典》，经济科学出版社 2000 年版，第 936 页。

发展的区域经济非均衡发展战略。"六五"计划和"七五"计划中对这一战略的实施进行了具体部署。

一、"六五""七五"计划对区域经济非均衡发展战略的具体部署

"六五"计划首次专门列出地区经济发展计划篇，把全国划分为沿海地区、内陆地区、少数民族地区三种不同类型的地区，并提出各类地区的发展方针。"六五"计划指出，沿海地区的多数省、市经济比较发达，技术水平比较高，要积极利用沿海地区的现有经济基础，充分发挥它们的特长，带动内地经济进一步发展。内陆地区地域辽阔、资源丰富，要在加快沿海地区经济发展的同时，努力加快内地能源、交通和原材料工业建设，支援沿海地区经济的发展。①

改革开放后至 20 世纪 80 年代中期，随着全国生产力布局的展开，沿海与内地的划分显得过于笼统，不能适应生产力布局的要求和改革开放新形势的需要。随着梯度推移理论被引入中国，国家决策机构开始用三大地带代替沿海与内地的传统划分方法。1985 年 9 月 23 日通过的《关于制定国民经济和社会发展第七个五年计划的建议》指出，我国经济分布客观上存在着东、中、西部三大地带，并且在发展上呈现出逐步由东向西推进的客观趋势。要把东部地区的发展和中、西部地区的开发很好地结合起来，使它们能够互相支持、互相促进。"七五"期间以至 20 世纪 90 年代，要加速东部沿海地带（地区）的发展，同时把能源、原材料建设的重点放到中部地带（地区），并积极做好进一步开发西部地带（地区）的准备。1986 年第六届全国人民代表大会第四次会议通过的《国民经济和社会发展第七个五年计划》根据东部沿海、中部和西部地带的经济发展情况和资源条件，进一步确定了三大地带不同的发展方向。"七五"计划指出，东部沿海地带要加强传统工业和现有企业的技术改造，大力开拓新兴产业，加快经济特区、沿海开放城市和经济开放区的建设；中部地带要增加能源、原材料工业建设的投资，发展同东部、西部地带的横向经济联系，有计划地接收从东部沿海地带转移过来的产业和产品。

二、沿海地区优先发展与区域经济非均衡发展战略的实施

根据"六五""七五"计划的战略部署，国家强调发挥东部沿海地区的区

① 《国民经济和社会发展第六个五年计划》，《中华人民共和国国务院公报》一九八三年第九号。

位优势，实施了向东部沿海地区倾斜的区域发展政策，通过兴办经济特区、沿海开放城市、沿海经济开放区等，不断加大东部沿海地区对外开放的步伐，发展外向型经济，为东部沿海地区的快速发展创造良好的投资环境，在政策和资金上也向东部沿海地区倾斜，对东部沿海地区在财政、税收、信贷、投资等方面给予优惠。同时，根据东部沿海、中部和西部地带的经济发展情况和资源条件，确定不同的投资重点和投资比例。东部沿海地区在加强钢铁、石油化工、机械制造、汽车、造船等重工业的同时，大力发展了电子、通信等新的工业部门和行业，开发了各种类型的经济技术开发区、高新技术园区和经济特区等。中西部地区重点进行能源开发，并发展了一批基础原材料工业等。通过对三大地带实施不同的发展举措，使东部沿海地带的发展与中部地带以及西部地带的开发更好地结合起来。

(一)兴办经济特区

经济特区是为了吸引和有效利用外国资金、技术到中国进行生产和发展贸易而设置的交通优越的特别地区。在经济建设过程中，经济特区享受特殊经济政策、灵活措施和特殊的经济管理体制。邓小平是中国创办和建设经济特区的倡导者和主要决策者。1979 年 4 月，邓小平首次提出开办“出口特区”。1979 年 7 月，中共中央、国务院同意在广东省的深圳、珠海、汕头和福建省的厦门试办出口特区。1980 年 5 月，中共中央、国务院决定将深圳、珠海、汕头和厦门这 4 个出口特区改称为经济特区。1980 年 8 月 26 日，第五届全国人大常委会第十五次会议通过了《广东省经济特区条例》，指出为发展对外经济合作和技术交流，促进社会主义现代化建设，在广东省深圳、珠海、汕头 3 市分别划出一定区域，设置经济特区(简称特区)。此后，1980 年 10 月，国务院批准设置厦门经济特区。1988 年 4 月 13 日，第七届全国人民代表大会第一次会议出台了《关于建立海南经济特区的决议》和《关于设立海南省的决定》，划定海南岛为海南经济特区。

建立经济特区是我国实行对外开放的重大举措。邓小平指出：“特区是个窗口，是技术的窗口，管理的窗口，知识的窗口，也是对外政策的窗口。从特区可以引进技术，获得知识，学到管理，管理也是知识。特区成为开放的基地，不仅在经济方面、培养人才方面使我们得到好处，而且会扩大我国的对外影响。”[①]经济特区具有如下特点：特区内以中外合资经营企业、中外合作经营企业和外商独资企业为主，多种经济成分并存；特区发展主要

① 邓小平：《邓小平文选》(第三卷)，人民出版社 1993 年版，第 51-52 页。

靠吸引和利用外资；特区内的经济活动以市场调节为主；特区对外商投资在税收、货物进出口、人员出入境等方面给予优惠政策。通过体制创新的成功实践，特区发挥了对外开放的窗口和桥梁作用，不仅使特区实现了自身的快速发展，同时还加快了沿海地区乃至全国改革开放和现代化建设的进程。

据统计，1990 年，深圳、珠海、汕头、厦门 4 个经济特区的工农业总产值达 282.5 亿元，约为建区前 1979 年的 26 倍；加上起步晚的海南经济特区，5 个特区共有“三资”企业 4000 多家，签订外商投资项目约 9000 项，实际利用外资 53 亿多美元，占全国实际利用外资的近 30%。1991 年，深圳、珠海、汕头、厦门、海南 5 个经济特区的进出口贸易总额达 196.7 亿美元，占全国进出口贸易总额的 14.5%。其中，三资企业进出口贸易总额为 93.3 亿美元，占 5 个经济特区进出口贸易总额的 47.4%。[①]

(二)开放沿海港口城市

经济特区的发展为我国对外开放积累了有益经验，为了加快对外开放的步伐，我国决定开放沿海港口城市。1984 年 2 月，邓小平视察了几个经济特区后，就办好经济特区和增加对外开放城市等问题指出：“我们建立经济特区，实行开放政策，有个指导思想要明确，就是不是收，而是放。”“除现在的特区之外，可以考虑再开放几个港口城市，如大连、青岛。这些地方不叫特区，但可以实行特区的某些政策。”[②] 1984 年 3 月 26 日至 4 月 6 日，中共中央书记处和国务院在北京联合召开沿海部分城市座谈会，提出了开放沿海港口城市的初步设想。会议形成了《沿海部分城市座谈会纪要》(简称《纪要》)。《纪要》指出，沿海大中型港口城市，交通方便，工业基础好，技术水平和管理水平比较高，科教文化事业比较发达，既有对外开展经济贸易的经验，又有对内进行经济技术协作的网络，是我国经济比较发达的地区。通过放宽某些政策，改革现行的某些管理制度，增强这些城市及其企业开展对外经济活动的活力，把积极利用国外资源(包括资金、物资、技术、知识、人才)和扩展国际市场，同市内工业结构改组、企业技术改造、管理体制改革紧密结合起来，必将大大加速经济的发展，使整个地区、企业和人民群众更快地富起来。这些港口城市和 4 个经济特区，在沿海从北到南联成我国对外开放的前沿地带，又必将在发展科学技术、推广管理经验、繁荣国内

---

① 经济日报社：《中国开放年鉴》(1995)，经济日报出版社 1995 年版，第 209 页。

② 邓小平：《邓小平文选》(第三卷)，人民出版社 1993 年版，第 51-52 页。

市场、扩大对外贸易、传递经济信息、培养输送人才等方面，支援和带动各自的腹地，有力地促进全国的经济建设。会议建议：进一步开放天津、上海、大连、秦皇岛、烟台、青岛、连云港、南通、宁波、温州、福州、广州、湛江和北海 14 个沿海港口城市。[①] 在扩大地方权限和给予外商投资者若干优惠方面，实行以下政策和措施：放宽利用外资建设项目的审批权限、增加外汇使用额度和外汇贷款、支持利用外资对老企业进行技术改造、兴办经济技术开发区等。1984 年 5 月 4 日，中共中央和国务院批转了该《纪要》，正式宣布开放 14 个沿海港口城市。中共中央和国务院的批示还指出："沿海港口城市由于其地理位置、经济基础、经营管理和技术水平等条件较好，势必要先行一步。""沿海港口城市的情况各不相同，为了充分发挥各自的优势，开放的形式应多种多样，开发的步骤将有前有后，引进项目的重点要各有侧重。""进一步开放沿海港口城市和办好经济特区……主要是给政策，一是给前来投资和提供先进技术的外商以优惠待遇，税收低一些，内销市场让一些，使其有利可图；二是扩大沿海港口城市的自主权，让他们有充分的活力去开展对外经济活动。"[②]

凭借良好的经济基础和对外开放的优惠政策，我国沿海港口城市（沿海开放城市）获得了快速的发展，经济发展水平、经济效益等明显高于我国其他城市的平均水平。1995 年，14 个沿海开放城市市区人口 3314 万，仅占全国城市市区总人口的 6.6%，而年生产总值占全国的 13.4%，工业总产值占全国的 14.5%。14 个沿海开放城市市区实际利用外资额占全国城市市区的 19.6%，相当于全国 640 个城市利用外资总额的 1/5。[③] 1997 年，14 个沿海开放城市国内总投资从 1984 年的 123.65 亿元增加到 4714.5亿元，增长了 37.1 倍，占全国总投资的比重由 6.7%提高到 26.7%。同年，14 个城市生产总值从 1990 年的 1522.7 亿元增加到 13319.4 亿元，占全国的比重由 8.2%增加到 17.8%，人均生产总值从 5365 元增加到 14041 元，超过全国平均 6079 元的水平。1997 年，14 个城市职工工资总额 1617.2 亿元，约占全国职工工资总额的 17.25%；城市居民储蓄存款 8955.5 亿元，约占全国总量的 19.45%；人均拥有储蓄存款

① 中共中央文献研究室：《十二大以来重要文献选编》（上），中央文献出版社 2011 年版，第 387-388 页。

② 中共中央文献研究室：《十二大以来重要文献选编》（上），中央文献出版社 2011 年版，第 384-385 页。

③ 陈钺：《开放经济概论》，南开大学出版社 2009 年版，第 196 页。

9440.5 元，高于全国平均的 3747.5 元 1.52 倍。[①]

(三)开辟沿海经济开放区和经济技术开发区

除了兴办经济特区和开放沿海港口城市外，继续开辟沿海经济开放区和经济技术开发区，使沿海地区成为开放地带，是我国进一步推进沿海地区快速发展的重要举措。1985 年 1 月 25 日至 31 日，国务院召开长江、珠江三角洲和闽南厦漳泉三角地区座谈会，1 月 31 日通过的《长江、珠江三角洲和闽南厦漳泉三角地区座谈会纪要》指出，先将长江三角洲、珠江三角洲和闽南厦漳泉三角地区，继而将辽东半岛、胶东半岛开辟为沿海经济开放区，是我国在进一步实行改革与开放的新形势下，加速沿海经济发展，带动内地经济开发的重要战略部署。我国的经济体制改革和对外开放，将通过经济特区—沿海开放城市—沿海经济开放区—内地这样多层次的探索和实践，由外向内、由沿海到内地逐步推进，从而有效地把发展沿海经济同开发内地经济密切结合起来，解决我国东部和西部的关系问题，使我国经济全面振兴，人民普遍富裕起来。[②] 1985 年 2 月 18 日，中共中央、国务院批转了《长江、珠江三角洲和闽南厦漳泉三角地区座谈会纪要》，批示指出在长江三角洲、珠江三角洲和闽南厦漳泉三角地区开辟沿海经济开放区，是我国实施对内搞活经济、对外实行开放的又一重要步骤，是社会主义经济建设中具有重要战略意义的布局。这三个经济开放区应逐步形成贸—工—农型的生产结构，即按出口贸易的需要发展加工工业，按加工的需要发展农业和其他原材料的生产。[③] 围绕这一中心任务，要合理调整农业结构，搞好技术引进和技术改造，大力发展出口，增加外汇收入，加强同内地的经济联系，共同开发资源，带动内地经济的发展。

1985 年，国务院把长江三角洲、珠江三角洲、闽南厦漳泉三角地区开辟为经济开放区。随着“贸工农”方针的贯彻执行，这三个经济开放区已建立较大的农副产品出口生产基地 300 多个，提供的出口货源，1985 年比 1984 年增长 20%。[④] 1987 年，珠江三角洲供应港澳的鲜活商品已占全国的

① 孙学文：《经济特区—沿海开放城市—沿海经济开发区—先富起来的对外开放前沿地带》，《党史文汇》1999 年 8 期。

② 中共中央文献研究室：《十二大以来重要文献选编》(中)，中央文献出版社 2011 年版，第 123-124 页。

③ 中共中央文献研究室：《十二大以来重要文献选编》(中)，中央文献出版社 2011 年版，第 121 页。

④ 《中国对外经济贸易年鉴》编辑委员会：《中国对外经济贸易年鉴》(1987)，中国展望出版社 1987 年版，第 31 页。

80%。沿海经济开放区从1985年初创建以来，已经有了一个较好的开端。1988年3月4日，国务院在北京召开沿海地区对外开放工作会议。会议指出，贯彻落实沿海地区发展外向型经济的战略设想，要进一步改善投资环境，特别是"软环境"。要把出口创汇抓上去，要"两头在外"，大进大出，以出保进，以进养出，进出结合。会议建议国务院适当扩大沿海经济开放区范围，这个范围大体相当于过去9年开放范围的总和。1988年3月18日，国务院发出《关于进一步扩大沿海经济开放区范围的通知》，决定扩大沿海经济开放区，新划入沿海经济开放区的共有140个市、县。不久，辽东半岛、胶东半岛和环渤海地区也被开辟为沿海经济开放区。这样，使全国由经济特区、沿海开放城市和沿海经济开放区构成的沿海对外开放前沿地带显著扩大。把这些地区开辟为经济开放区，既加快了沿海地区自身的发展，也带动了内地发展，进而在我国初步形成了"经济特区—沿海开放城市—沿海经济开放区—内地"这一多层次、全方位、宽领域的对外开放新局面。

伴随着沿海港口城市的对外开放，除了开辟沿海经济开放区外，为了进一步扩大地方权限和吸引外商投资，从1984开始，我国还相继在开放的沿海城市划出一定的范围，建立了沿海经济技术开发区。从1984年9月到1986年，国务院先后批准14个沿海开放城市建立经济技术开发区。1992年，国务院批准在温州、昆山、威海、营口、漳州东山、福清融侨设立6个国家级经济技术开发区。在经济技术开发区内，放宽了利用外资项目的审批权限，产品出口、内销执行经济特区的政策，税收政策也更加优惠。开发区的建立，对于争取利用外资、加快发展城市经济、引进先进技术设备、扩大外汇收入、增加就业机会、利用廉价劳动力、提高国际竞争能力发挥了重要作用。从1984年建立经济技术开发区以来，经过多年的开发，经济技术开发区进入快速发展时期。1991年，14个经济技术开发区，已经开发了近30平方公里的土地，建成了500多万平方米的工业厂房和与之配套的服务设施，形成了水电供应有保障、交通便利、电信畅通的生产经营条件。14个经济技术开发区批准的外商投资项目已经有1350多个，合同外资金额达到25亿美元；开发区的工业产值，1986年只有3亿元，1988年达到42亿元，1990年已上升到82亿元；兴办经济技术开发区累计投入基础设施建设资金40亿元，其中国家提供了23亿元开发性贷款；1991年，开发区税收累计24亿元，企业利润累计32亿元，出口创汇累计26亿美元；开发区的产品出口，1986年还不到5000万美元，1988年超过4亿美元，1990年是7

亿美元。[1] 沿海经济技术开发区经过多年建设，已初步走上产业结构以现代工业为主，企业所有制结构以外商投资企业为主，产品销售以出口为主，致力于开发先进技术的外向型经济的道路，成为沿海开放城市开展对外经济活动的一个重要的阵地。

(四)资金和项目向东部沿海地区倾斜

从外资流向来看，外商直接投资倾向在我国东部沿海地区聚集，与内地比较，东部沿海地区获得了更快的发展速度，集聚了更多的生产要素。这种投资倾向一方面得益于优先发展东部沿海地区的区域经济非均衡发展战略的指导，使东部沿海地区获得了对外开放的政策优势，另一方面与东部沿海地区自身的优良地理区位也是密切相关的。东部沿海地区拥有良好的深水港口，海运是大宗货物向海外各国运输的成本最低的运输方式，在东部沿海地区投资可以降低成本，对外商直接投资而言是最优选择。尤其是珠江三角洲(邻近香港、澳门、台湾，有广州等大城市为依托)、长江三角洲(有上海等大城市为依托)、环渤海地区(邻近日本、韩国等国家，以北京、天津等大城市为依托)的投资优势更加明显。据统计，1983—1997年，外资实际投向东部沿海地区 2286 亿美元，占全国同期总数的 68.1%。1983—1998 年东部沿海地区实际吸收外商直接投资额达 2291.85 亿美元，占全国总数的 85.4%。[2]

从国内基本建设投资的地区布局来看，在优先发展东部沿海地区的区域经济非均衡发展战略指导下，沿海地区成为全国基本建设投资的重点区域。从表 4-1 可以看出，“五五”时期、“六五”时期、“七五”时期，基本建设投资沿海地区所占比重分别为 42.2%、47.7%、50.9%，投资比重持续上升，相反，基本建设投资内地所占比重持续下降。“六五”时期，基本建设投资沿海地区所占比重首次高出内地 1.2 个百分点，东部沿海地区成为中国区域投资的主体。“七五”时期，沿海地区投资比重进一步加大，基本建设投资沿海地区所占比重高出内地 10.8 个百分点，沿海地区与内地投资比重的比例由“六五”时期的1.03∶1 变为“七五”时期的 1.27∶1。

---

① 何椿霖:《中国经济特区与沿海经济技术开发区年鉴》(1990—1992)，改革出版社 1992 年版，第 29 页。

② 孙学文:《经济特区—沿海开放城市—沿海经济开发区—先富起来的对外开放前沿地带》，《党史文汇》1999 年 8 期。

表 4-1 “五五”时期到“七五”时期沿海地区与内地基本建设投资所占比重

项目	“五五”时期（1976—1980）	“六五”时期（1981—1985）	“七五”时期（1986—1990）
沿海地区投资比重/（%）	42.2	47.7	50.9
内地投资比重/（%）	50.0	46.5	40.1
沿海地区与内地投资比重的比例	0.84∶1	1.03∶1	1.27∶1

资料来源：国家统计局固定资产投资统计司，《中国固定资产投资统计年鉴》（1950—1995），中国统计出版社 1997 年版，第 86 页。

从总体重点项目建设投资的地区分布来看，据统计，1982—1989 年，我国共建设了 319 个重点项目，投资总规模 3106.3 亿元，累计投资 2486.2 亿元，占同期基本建设累计投资的 29%。重点项目的地区布局按照东、中、西三大地带梯度差异特征，在不同地带安排了恰当的投资比例。具体而言，三大地带累计投资分别为 1214.1 亿元、712.2 亿元和 285.8 亿元，各占累计总投资的 48.8%、28.6%和 11.5%。东、中、西部重点项目投资比例为 1∶0.59∶0.24，近半数重点项目集中在东部。在优先发展东部沿海地带的同时，也相应加强了中、西部地带的重点项目投资。1989 年比 1982 年中、西部投资规模分别增长 4 倍和 5.5 倍。在调整投资布局过程中，重点建设东、中、西部投资比例由“六五”时期的 1∶0.8∶0.21，调整为“七五”时期的 1∶0.47∶0.25。由于重点项目投资规模宏大，其地区投资布局也相应调整，促进了东、中、西部基本建设投资比例由“六五”时期的 1∶0.61∶0.36，调整为“七五”时期的 1∶0.48∶0.3。①

从重点项目建设投资的地区分布来看，1982—1989 年，重点项目按照加速发展东部经济、发展中部能源、原材料工业、准备发展西部这一战略部署进行建设。据统计，1982—1989 年，能源、交通、原材料这三个基础行业建设项目 261 个，占全部重点项目的 81.8%，累计投资 2335.8 亿元，占全部重点项目的 94%。在地区分布上，在能源项目方面，123 个项目累计投资 1088.9 亿元，占全部重点项目累计投资的 43.8%，东、中、西部分别占 36.7%、43.0%和 16.3%。其中，19 个煤炭建设项目累计投资 237.2 亿元，中、东部分别占 65.9%和 34.1%；87 个电力建设项目累计投资 584 亿元，东、中、西部分别占 37.8%、38.3%和 19.1%；16 个石油建设项目累计投资 263.5 亿元，东、中、西部分别占 35.7%、33.5%和 25%。在运输邮电

① 国家统计局投资司：《中国重点建设》，法律出版社 1991 年版，第 13 页。

项目方面，65 个运输邮电项目累计投资 450.5 亿元，占全部重点项目累计投资的 18.1%，东、中、西部投资分别占 41.3%、6.4%和 2.2%。其中，29 个铁路项目累计投资 279.5 亿元，东、中、西部分别占 17.9%、9.8%和 1.3%；14 个邮电项目累计投资 26.9 亿元，东部占 78.3%。在原材料项目方面，73 个项目累计投资 796.4 亿元，占全部重点项目投资的 32.1%，东、中、西部分别占 70.1%、19.8%和 10.1%。其中，36 个化工建设项目累计投资 373.5 亿元，东、中、西部分别占 71.4%、23%和 5.6%；16 个建材建设项目累计投资 37.9 亿元，东、中、西部分别占 69.2%、26%和 4.8%。[①]

(五)东部沿海地区优惠政策的实施

为了促进沿海地区外向型经济的快速发展，中央政府对经济特区、沿海开放城市、沿海经济技术开发区等在税收、信贷、投资、外贸等方面给予一系列优惠政策。

我国在经济特区实行的优惠政策主要是对前来投资兴办各种企业的客商，在税收、土地使用费、入境出境等方面给予特殊的优惠和方便。主要包括对客商到特区投资兴办企业所必须进口的机器设备、零配件、原材料、运输工具和其他生产资料免征进口税。在特区投资的客商，在特区工作和居住的外籍人员、中国港澳职工必需的生活用品可以根据具体情况分别征收或减免进口税。特区企业所得税率为 15%，政策优惠从开始获利年度起第 1、2 年免征，第 3、4、5 年减半征收。对于技术含量较高，资金周转期较长或投资额在 500 万美元以上的企业给予特别优惠。客商所得利润用于在特区内进行再投资为期 5 年以上者，可申请减免用于再投资部分的所得税。客商在缴纳企业所得税后所得的合法利润，可以按照特区外汇管理的规定汇出或带出。特区对投资的客商按其兴办企业、事业的实际需要提供土地，其使用费数额和缴纳办法，根据不同行业和用途给予优惠。特区的产品主要用于出口。但是属于我国需要进口的紧缺产品，以及采用国内原材料、元器件较多的产品，可以有适当比例的内销，特别是客商提供了最新技术和先进设备的产品，内销比例可以更大些。对来往特区的外籍人员、华侨、港澳同胞出入境均简化手续，给予方便。台湾同胞到特区投资，除享受上述优惠待遇外，还给予下列优惠：开办企业的经营期在 10 年以上者，从开始获利年度起，第 1 至 4 年免征所得税；第 5 至 9 年减半征收；5 年内

① 国家统计局投资司：《中国重点建设》，法律出版社 1991 年版，第 13-16 页。

免征土地使用费；产品可内销30%。[①]

我国对沿海开放城市实施的优惠政策主要包括：在14个沿海港口城市开办的生产性外商投资企业，凡属技术密集、知识密集型的项目，或外商投资额在3000万美元以上、回收投资时间长的项目，或属于能源交通、港口建设的项目，经财政部批准，按15%的税率征收企业所得税；外商在中国境内没有设立机构而有来源于老市区的股息、利息、租金、特许权使用费和其他所得，除依法免征所得税外，都按10%的税率征收所得税。其中提供资金、设备的条件优惠，或转让的技术先进的，由市政府决定，给予更多的优惠；14个港口城市的外商投资企业作为投资进口、追加投资进口的本企业生产用设备、营业用设备、建筑用材料，以及企业用的交通工具和办公用品，免征关税和进口工商统一税；外商投资企业生产的出口产品，除国家限制出口的产品以外，免征出口关税和生产环节的工商统一税；外商投资企业进口的原材料、零配件、元器件、包装材料等，用于生产出口产品部分，免征关税和工商统一税；凡符合国务院《关于鼓励外商投资的规定》的项目，给予特别的优惠待遇。

我国对经济技术开发区实施的一系列优惠政策包括：为了集中举办外商投资企业、引进先进技术、增加出口创汇，政策规定有的开发区可以发展为国际转口贸易基地。开发区内利用外资项目的审批权限可以进一步放宽，基本上参照经济特区的规定执行。开发区本身的进出口贸易可以在国家统一政策指导下自主经营，也可以委托外贸公司代理，但应自负盈亏。开发区内外商投资的生产性企业，其企业所得税按15%的税率征收。其中，经营期在10年以上的，经企业申请，市税务机关批准，从开始获利的年度起，第一年和第二年免征所得税，第三年至第五年减半征收所得税；地方所得税的减征及免征由开发区所在地的市人民政府决定；对外商所得合法利润汇出时免征汇出税，客商在中国境内没有设立机构而有来源于开发区的股息、利息、租金、特许权使用费和其他所得，除依法免征所得税的以外，都减按10%的税率征收所得税，其中提供资金、设备的条件优惠，或者转让的技术先进，需要给予更多的减征、免征优惠的，由开发区所在地的市人民政府决定；开发区本身和区内企业自用的建筑材料、生产设备、原材料、零配件、元器件、交通工具、办公用品的进口和产品的出口，免征工商统一税，转为内销的，照章补税；在开发区企业中工作或者在开发区内居住的客商，

① 黄运武：《经贸大辞典》，中国对外经济贸易出版社1992年版，第122页。

携带进口自用的安家物品和交通工具，凭市开发区管理委员会的证明文件，在合理数量内免征工商统一税。[①]

(六)东部沿海地区一系列体制改革的实施

中国经济渐进式改革是从沿海到内地逐步展开的。随着东部沿海地区的开放、开发和外向型经济的快速发展，东部沿海地区成为中国经济渐进式改革的“试验区”，财政体制、外贸体制、科技体制改革都实行了向沿海地区倾斜的政策举措。

在财政体制改革方面，从1980年开始，中国的财政体制对过去的统收统支体制进行改革。1980年实行划分收支、分级包干即通常所说的分灶吃饭的财政体制；从1985年起，实行划分税种、核定收支、分级包干的新模式；从1988年开始，实行地方财政大包干体制。在具体实施过程中，1979年决定对广东和福建实行定额上缴(或补助)的包干办法，1988年对上海实行财政基数包干办法，增加了东部沿海地区的财政留成比例。4个经济特区的财政收入几乎是100%的留成，同时还享受省财政拨款。多数沿海开放城市的财政收入也能大部分留下自用。[②] 增加东部沿海地区财政留成比例，提高了东部沿海地区的投资支出能力。在外贸体制改革方面，一方面扩大沿海地区(东部沿海地区)出口经营权，另一方面增加沿海地区企业出口产品外汇留成比例，同时增加外汇使用额度和外汇贷款，鼓励沿海地区引进先进技术、设备，促进对外贸易的发展。具体的改革措施是：在利用外资上，对凡属建设和生产条件不需要国家综合平衡、产品不要国家包销、出口不涉及配额、又能自己偿还贷款的生产性项目，均放宽审批权限；引进先进技术改造老企业，在关税、进口工商统一税、企业所得税、上缴利润、生产计划等方面实行扶植政策；对中外合资经营企业、中外合作经营企业及外商独资企业，给予优惠政策等。在金融体制改革方面，一方面，沿海地区通过信贷资金“切块”管理、按比例增加固定资产贷款、有权确定存款利率浮动上限和贷款利率浮动下限等方式获得金融信贷政策的倾斜性。另一方面，基于东部沿海地区和中西部地区投资利润率的差距，各类商业银行以各种形式“虹吸”中西部的资金，投入到发达的东部沿海地区。在科技体制改革方面，制定了适应沿海地区经济发展战略的科技开发计划和政策举措。通过实施“火炬”计划，动员和组织科研力量，开发高新技术产品，创办

① 侯永庭、赵盛相、周文振：《开发区建设新思路》，海洋出版社1990年版，第446-449页。

② 朱泽：《中国经济改革20论》，中国财政经济出版社2004年版，第219页。

科研型企业，鼓励科研单位、高等院校、大中型企业或个人兴办外向型科技型企业，推动沿海地区高技术、新技术产品进入世界市场。在价格体制改革方面，随着价格机制的双轨过渡和市场机制的引入，允许沿海地区在价格相对偏低的农产品、原材料等基础产品方面享受计划管理，在价格相对偏高的加工产品方面按市场机制调节，当资源短缺但加工实力雄厚的东部沿海地区和资源丰富但加工实力薄弱的内陆地区开展区际贸易时，沿海地区就可以获得双重优惠。

第三节　对区域经济非均衡发展战略的评价

改革开放至20世纪90年代初期优先发展东部沿海地区的区域经济非均衡发展战略的实施，对于促进东部沿海地区的高速发展，推动中国全方位对外开放格局的形成，提高国民经济整体效益都曾发挥了积极作用，但也不可避免地产生了区域差距扩大、区域产业结构趋同、区域之间利益摩擦和冲突加剧、对资源和环境的破坏等诸多矛盾和问题。

一、区域经济非均衡发展战略实施的积极效应

区域经济非均衡发展战略产生的积极影响体现在：东部地区的优先发展，提高了资金的运转效益，使沿海地区成为最具活力的经济高速增长区域，实现了国民经济整体效益的最大化；东部地区的优先发展，产生了较大的扩散效应，在一定程度上支持了中西部地区的发展；沿海地区特别是东南沿海新兴工业地区的发展，推动了中国全方位对外开放格局的形成；沿海地区外向型经济的发展为乡镇企业的发展提供了广阔的空间，推动了我国工业化和城镇化的进程。

（一）促进了东部沿海地区的高速发展和国民经济整体效益的提高

改革开放前，1953—1978年，东部沿海地区的浙江、广东、福建、江苏、山东五省国民收入年均增长速度分别为5.6％、5.3％、5.4％、5.6％、5.7％，均低于全国平均6％的增长速度。[①] 区域经济非均衡发展战略的实施，大大加快了沿海地区的经济发展速度。从表4-2可以看出，1979—1989年，全国各地区国民收入年均增长速度排在前五位的省份都集中在东

① 国家统计局综合司：《全国各省、自治区、直辖市历史统计资料汇编》（1949—1989），中国统计出版社1990年版，第47页。

部沿海地区，依次为浙江(12.8%)、广东(11.6%)、福建(11.4%)、江苏(11.0%)、山东(10.4%)，这些省份国民收入年均增长速度均超过10%，远高于全国8.7%的增长速度。从工业总产值的年均增长速度来看，排在前五位的省份也都集中在东部沿海地区，依次为浙江(20.7%)、广东(17.8%)、江苏(17.2%)、福建(16.8%)、山东(14.8%)，均高于全国12.4%的增长速度。

表 4-2　1979—1989 年各地区国民收入和工业总产值年均增长速度

地区	国民收入年均增长速度/(%)	工业总产值年均增长速度/(%)	地区	国民收入年均增长速度/(%)	工业总产值年均增长速度/(%)
全国	8.7	12.4	河南	9.5	12.7
北京	8.4	8.9	湖北	9.6	14.4
天津	7.4	10.4	湖南	7.6	11.1
河北	8.2	10.4	广东	11.6	17.8
山西	8.4	10.4	广西	7.2	10.2
内蒙古	8.2	9.9	海南	9.2	11.2
辽宁	7.6	9.7	四川	8.3	11.6
吉林	8.5	10.7	贵州	8.7	10.8
黑龙江	6.4	7.9	云南	9.3	11.1
上海	7.6	7.2	西藏	—	2.82
江苏	11.0	17.2	陕西	7.5	10.7
浙江	12.8	20.7	甘肃	7.7	7.7
安徽	9.4	13.6	青海	6.2	7.7
福建	11.4	16.8	宁夏	8.8	9.4
江西	8.3	13.1	新疆	10.0	12.0
山东	10.4	14.8			

资料来源：国家统计局综合司，《全国各省、自治区、直辖市历史统计资料汇编》(1949—1989)，中国统计出版社 1990 年版，第 47,50 页。

东部沿海地区经济的高速发展，增强了经济发展的活力，同时作为增长极还带动了中、西部地区的发展和国民经济整体效益的提高。第一，从中西部地区的发展来看，1952—1978 年，东、中、西三大地带人均国民收入年均增长速度分别为 4.63%、2.92%、3.53%，而 1978—1992 年，三大地带年均增长速度分别提高到8.28%、6.73%、7.1%。[①] 第二，从国民经济效益来看，根据表4-3显示的数据，1979—1989年，全国国民生产总值（现已更名为国民总收入）、国民收入、工农业总产值和地方财政收入的年均增长速度分别为9.0%、8.7%、10.9%、9.1%，分别都超过了1953—1978年6.1%、6.0%、8.2%、7.2%的年均增长速度。第三，从"六五"计划、"七五"计划的实施效果来看，随着经济工作从过去单纯追求速度开始转到以提高经济效益为中心的轨道上来，优先发展沿海地区的区域经济非均衡发展战略的实施带来了宏观经济效益的不断提高，"六五"计划、"七五"计划的执行效果显著。"六五"期间，国民经济和社会发展取得了显著成绩。社会总产值平均每年增长11%，工农业总产值平均每年增长11%，国民收入平均每年增长9.7%，都大大超过了计划增长4%的速度。大多数工农业产品产量，提前1～2年达到"六五"计划规定的1985年目标。从经济效益来看，"六五"期间，全社会劳动生产率的年增长率由1980年前28年平均的3.5%，提高到6.1%；每百元积累新增加的国民收入由过去28年平均的21.8元提高到39.3元；每万元国民收入（按可比价格计算）消耗的能源由1980年的16.2吨降低到1985年的12.9吨；国内财政收入（不包括国外借款），从1982年起，已经扭转下降停滞的趋势。1985年国内财政收入达1837.2亿元，实现收支平衡略有结余的要求，改变了连续6年出现赤字的状态。[②] "七五"时期，全国国民生产总值平均每年增长7.8%，国民收入平均每年增长7.5%，工农业总产值平均每年增长11.3%，均超过"七五"计划的要求，提前实现了第一步战略目标。[③]

表4-3 全国国民生产总值、国民收入、工农业总产值、地方财政收入年均增长速度

年份	国民生产总值年均增长速度/(%)	国民收入年均增长速度/(%)	工农业总产值年均增长速度/(%)	地方财政收入年均增长速度/(%)
1953—1978	6.1	6.0	8.2	7.2
1979—1989	9.0	8.7	10.9	9.1

资料来源：国家统计局综合司，《全国各省、自治区、直辖市历史统计资料汇编》(1949—1989)，中国统计出版社1990年版，第46-51页。

① 林善炜：《中国经济结构调整战略》，中国社会科学出版社2003年版，第362页。

② 国家统计局：《"六五"期间国民经济和社会发展概况》，中国统计出版社1986年版，第1,8页。

③ 国家统计局：《"七五"时期国民经济和社会发展概况》，中国统计出版社1991年版，第1页。

(二)推进了我国对外开放的进程

为了促进东部沿海地区的优先发展,1979—1980 年,中央先后批准广东、福建两省在对外经济活动中实行特殊政策和灵活措施,并在深圳、珠海、汕头、厦门 4 地试办经济特区。1984 年,国务院进一步开放 14 个沿海港口城市;1985 年,将长江三角洲、珠江三角洲和闽南厦漳泉三角地区开辟为沿海经济开放区,通过兴办经济特区、开放沿海港口城市、开辟沿海经济开放区和经济技术开发区,并实施一系列优惠政策,营造了良好的外商投资环境,发挥了各地利用外资的积极性,对外贸易和经济技术合作的进程明显加快。“六五”期间,海关进出口总额从 1980 年的 381.4 亿美元发展到 1985 年的 696 亿美元,我国出口额在世界中的位次由第 28 位上升到第 16 位。从 1979 年到 1985 年通过各种形式实际使用外资 217.9 亿美元,建立中外合资企业 2343 个、中外合作经营企业 3822 个、外商独资经营企业 121 个,引进国外技术 1 万多项。此外,“六五”期间还在 88 个国家和地区签订建设各类工程项目的合同 2681 项,成交额 48.8 亿美元。①

“七五”时期,我国继续贯彻对外开放的基本国策,对外开放工作持续开展。1988 年,国务院将沿海经济开放区扩展到北方沿海的辽东半岛、山东半岛及其他沿海地区的一些市、县,同时批准海南建省和建立海南经济特区。1990 年,中央又作出开放、开发上海浦东新区的战略决策。这些举措进一步改善了投资环境,对外开放工作取得更显著的进展。据统计,1990 年海关进出口总额达 1154.1 亿美元,比 1985 年增长 65.8%,年均增长 10.6%。其中,出口总额 620.6 亿美元,进口总额 533.5 亿美元,年均增长速度分别为 17.8%和 4.8%。“七五”时期,进出口总额 4864 亿美元,比“六五”时期增长 92.7%。其中,出口总额 2325 亿美元,增长 93.7%;进口总额 2539 亿美元,增长 91.8%。我国已与世界上 180 多个国家和地区建立了贸易关系,出口在世界贸易中的位次上升到第 14 位,缩短了我国与世界主要国家贸易水平的差距。“七五”时期,全国实际利用外资达到 462.8 亿美元,比 1979—1985 年 7 年间累计增长 1.1 倍。我国批准的外商直接投资项目达到 2.9 万项,投产开业的企业已超过 1 万家。我国对外经济技术合作有很大发展。我国已同 133 个国家和地区开展了承包劳务合作业务。“七五”时期,共签订对外承包工程和劳务合作合同 12794 份,合同金

---

① 国家统计局:《“六五”期间国民经济和社会发展概况》,中国统计出版社 1986 年版,第 10 页。

额 102.4 亿美元，实际完成营业额 72.2 亿美元。①

(三)推动了我国工业化和城镇化进程

区域经济非均衡发展战略的实施促进了沿海地区外向型经济的快速发展，同时也推动了我国工业化和城镇化进程。

一方面，外向型经济发展需要充分利用国外先进技术和管理经验，改造和发展我国传统产业和发展我国高新技术产业，工业结构的合理调整对我国产业结构的优化升级发挥了重要作用。同时，随着沿海地区外向型经济的发展，实行“两头在外”，大进大出。先从国际市场进口原材料加工增值，再把产品销往国际市场，可以将一大批企业推向国际市场，缓解沿海地区与内地争原料的矛盾，迅速增强出口创汇能力，对企业经营机制的转型和产业结构的调整升级，也起到巨大的促进作用。

另一方面，沿海地区外向型经济的发展也为乡镇企业的发展提供了广阔的空间，加速了我国东部沿海地区外向型乡镇企业的发展，进而推动了我国工业化和城镇化进程。为了发挥乡镇企业在外向型经济发展中的作用，1990 年中共十三届七中全会通过的《关于制定国民经济和社会发展十年规划和“八五”计划的建议》以及 1991 年中共十三届八中全会通过的《关于进一步加强农业和农村工作的决定》，都强调要发挥乡镇企业在出口贸易中的重要作用，提出要为乡镇企业出口创汇制定扶持政策。政策的指引加上东部沿海地区外向型经济的发展，使东部沿海地区具备了良好的国内、国际市场渠道和广泛的资金、信息、技术、人才来源，促进了乡镇企业外向型经济的迅速发展。据统计，1992 年，全国乡镇企业完成出口产品交货额 1192.8 亿元，“三来一补”企业工缴费收入 200 多亿元。1985—1992 年，乡镇企业外向型经济一直以平均近 60% 的速度增长，全国已有生产出口产品企业 6 万多家，其中“三资”企业 1.5 万家。连续 3 年出口创汇 300 万美元以上的企业 800 多家，其中年出口创汇超过 1000 万美元的企业 100 多家。经国家批准，有自营进出口权的企业 20 家；有出国办厂企业 130 多家。② 东部沿海地区尤其是长江三角洲、珠江三角洲、辽东半岛以及山东半岛等地乡镇企业的发展更加迅猛，江苏、山东、河北、浙江、广东等 5 个省份的乡镇企业的就业人数、产值均占全国的绝大部分比重。1992 年，这 5 个

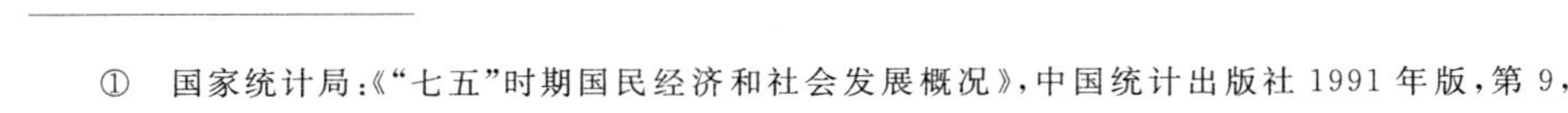

① 国家统计局：《“七五”时期国民经济和社会发展概况》，中国统计出版社 1991 年版，第 9，17-18 页。

② 《中国乡镇企业年鉴》编辑委员会：《中国乡镇企业年鉴》(1993)，农业出版社 1993 年版，第 3 页。

省份的乡镇企业就业人数为 4085 万人，产值为 9009 亿元，分别占全国乡镇企业就业人数的 38.5%和产值的 51%；占东部地区乡镇企业就业人数的78.3%和产值的 76.4%。同年，西部地区 10 个省、自治区的乡镇企业就业人数和产值仅分别是东部地区 5 个省份的 29.6%和 11%。[①] 东部地区乡镇企业的发展促进了农村工业化的进程，对于农村剩余劳动力转移以及城乡互动发展和整个国民经济水平的提高都发挥了重要作用。

二、区域经济非均衡发展战略实施带来的矛盾和问题

第一，扩大了区域经济发展差距。我国是一个地域辽阔的多民族国家，区域间经济社会发展水平、文化背景、资源状况等差异较大。改革开放以来，我国经济持续快速增长，但区域经济非均衡发展战略的实施在强调国民经济宏观效益提高的同时，忽略了公平目标的实现，使我国区域经济发展差距不断扩大。从工业总产值的增长速度来看，“七五”期间，东部地区工业总产值年均增长 11.3%，中西部则只有 9.1%，其中中部地区为 8.9%，西部地区为 9.4%，东部比中西部高 2.2 个百分点，比中部地区高 2.4 个百分点，比西部地区高 1.9 个百分点。从工业总产值占全国的比重来看，“七五”期间，东部地区由 60.3%增加到 62.7%，而中部地区由 26.9%下降到 25.4%，西部地区由 12.8%下降到 11.9%。从人均国民收入（按人民币计，以下同）来看，1980 年，东部地区人均国民收入为 497.4 元，中部地区为 335.3 元，相当于东部地区的 67.4%；西部地区为 271.6 元，相当于东部地区的 54.6%。1991 年，东部地区人均国民收入增加到 1848.0 元，而中部地区只有 1128.6 元，仅相当于东部地区的 61.1%，比 1980 年下降了 6.3 个百分点；西部地区只有 1001.0 元，仅相当于东部地区的 54.2%，比 1980 年下降了 0.4 个百分点。[②]

第二，导致了区域产业结构趋同以及区域之间利益摩擦和冲突加剧。随着区域经济非均衡发展战略的实施，区域间经济发展差距日益拉大。为了加快本地区的发展，保护自身的经济利益，缩小与其他地区经济发展的差距，地方政府纷纷在价高利大、投资周期短的加工工业领域内进行激烈竞争，导致了重复建设和区域产业结构趋同。如 1981 年按全部工业部门

① 孔淑红：《农村剩余劳动力转移对产业结构高级化的影响》，中国经济出版社 1999 年版，第 59 页。

② 刘再兴：《中国生产力总体布局研究》，中国物价出版社 1995 年版，第 55-56 页。

计算的相似系数[①]达 0.9 以上的地区为 18 个，占地区总数的 62.1%，到 1989 年则增至 22 个，占地区总数的 75.9%。[②] 同时地方保护主义盛行还导致了区域市场封锁、原料大战、区际摩擦和冲突加剧等诸多问题。

第三，带来了资源和环境的破坏。区域经济非均衡发展战略的实施致力于追求经济发展速度与规模，往往强调经济效益而忽视环境效益，导致了对资源和环境的破坏。如在出口创汇激励政策下，通过对资源进行掠夺性的开采，我国出口了大量资源型初级产品，造成矿产资源、石油储量的大量减少以及草原退化与沙化、农田土壤质量下降等生态环境的恶化。还有一些外向型乡镇企业盲目发展土法炼焦、炼锌、炼砷等高污染产品的出口，严重破坏了生态环境。据统计，1991 年，污染较重产品的出口额达到 200 多亿美元，占出口总额的 36%，其中高污染产品的出口额达 78.5 亿美元，占出口总额的 12.8%。[③] 同时，随着东部沿海地区对外开放进程的加快，一些外商将国外淘汰的高能耗、高污染的设备和产品通过投资方式转移到我国，也造成了严重的环境污染。

① 将全国工业总产值的部门结构作为标准结构，然后用相应年度的各地区的部门结构加以比较，可以计算出它们的相似系数。

② 蒋清海：《中国区域经济政策模式的转变与重新选择》，《经济科学》1991 年第 5 期。

③ 姜鸿：《对外贸易对我国经济增长的影响与对策研究》，中国财政经济出版社 2004 年版，第 131 页。

第五章

区域协调发展战略的启动与初步实施

在邓小平“两个大局”战略构想的指导下，从“八五”计划开始，针对区域经济差距日益扩大的问题，中共中央开始酝酿区域协调发展指导方针，在20世纪90年代中期，确立了“坚持区域经济协调发展，逐步缩小地区发展差距”的指导方针，并出台了相应的政策措施，促进了地区经济沿着合理分工、优势互补、协调发展的方向迈进。为了更好地推进区域协调发展，缩小区域（地区）发展差距，我国还启动实施了西部大开发战略，促进西部地区在基础设施和经济社会建设等方面取得初步进展。

第一节　区域协调发展指导方针的提出背景

邓小平“两个大局”的战略构想、社会主义市场经济体制改革的要求以及经济全球化的新趋势等是区域协调发展指导方针提出的背景。

一、邓小平“两个大局”的战略构想

1988年，邓小平提出了“两个大局”的战略构想。第一个大局是：“沿海地区要加快对外开放，使这个拥有两亿人口的广大地带较快地先发展起来，从而带动内地更好地发展，这是一个事关大局的问题。内地要顾全这个大局。”[①]沿海地区与内地相比，在区位、交通、技术、人才、信息等方面更

① 邓小平：《邓小平文选》（第三卷），人民出版社1993年版，第277-278页。

有优势，因此，在推进改革开放和现代化发展战略的选择上，应让沿海地区优先发展起来，增强国家的整体实力，然后对内地产生示范作用，带动内地的经济社会发展。沿海地区优先发展的区域经济非均衡发展战略的实施就是“两个大局”战略构想中的第一个大局的具体实践。邓小平提出的第二个大局是：“发展到一定的时候，又要求沿海拿出更多力量来帮助内地发展，这也是个大局。那时沿海也要服从这个大局。”①沿海地区优先发展起来以后，帮助和支持内地的开发，逐步缩小地区发展差距，这是实现共同富裕的内在要求。同时，我国的能源和矿产资源主要分布在内地，沿海地区帮助内地发展起来后，内地可以为沿海地区发展提供丰富的农副产品、原材料和广阔的市场。而且，我国是一个发展不平衡的多民族国家，帮助和支持内地发展对于加强民族团结、维护国家社会和政治稳定也具有重要意义。邓小平“两个大局”的战略构想深刻阐述了沿海与内地的发展关系，为我国区域协调发展指导方针的确立提供了坚实的理论基础。

二、社会主义市场经济体制改革对区域经济运行的要求

中共十一届三中全会召开后，国民经济发展方针逐步转向提高经济效益和发展生产力，指令性计划范围越来越小，市场在资源配置中发挥的作用逐步增强。改革开放至 20 世纪 90 年代初期我国实施区域经济非均衡发展战略，推动了中国市场化改革的进程，但由于市场经济体制的不完善，区域管理制度的不健全，随着地方政府主体意识的日益强化，区域分工造成的区际利益的扭曲，也导致了区域市场封锁、重复建设、原料大战、区际冲突加剧，阻碍了资源在全国范围的合理流动和全国统一市场的形成。随着中共十四大明确提出建立社会主义市场经济体制的改革目标，面对区域经济发展的矛盾和冲突以及区域发展的失衡态势，党和国家需要调整区域发展战略，加强对区域经济发展关系的宏观调控，培育和建立全国统一的市场体系，发挥各地区的比较优势，实现资源优化配置，促进区域合理分工、优势互补、协调发展。

三、经济全球化和信息技术发展的新趋势

20 世纪 80 年代以来，经济全球化和生物工程、新材料、新能源等一系列现代信息技术的迅速发展，推动了全球性产业结构的升级调整。国际经

① 邓小平：《邓小平文选》(第三卷)，人民出版社 1993 年版，第 278 页。

济融合日益强化、产业高级化和企业组织国际化呈现新趋势。对中国而言，随着改革开放的深入，我国已开始向现代化建设第二步战略目标迈进，要实现这一目标，区域经济必须保持持续快速健康发展。但过分注重效率而忽视公平的区域经济非均衡发展战略的实施带来了区域经济发展差距的扩大以及区域产业结构的不合理，抑制了各地区比较优势的发挥。在经济全球化和信息技术迅速发展的国际背景下，充分利用国际经济发展的有利条件，调整区域发展战略，实现区域产业结构的优化升级，推进经济增长方式由粗放型向集约型转变，在继续提高东部沿海地区经济发展水平的同时，促进中西部地区的发展，已成为区域经济发展的一项重要战略任务。

第二节　区域协调发展指导方针的确立与政策部署

一、区域协调发展指导方针的酝酿

1990 年 12 月，中共十三届七中全会通过的《关于制定国民经济和社会发展十年规划和“八五”计划的建议》，提出了今后十年和“八五”时期我国国民经济和社会发展的主要奋斗目标和基本指导方针，初步勾画了实现现代化建设第二步战略目标的宏伟蓝图。关于经济发展的地区布局，《关于制定国民经济和社会发展十年规划和“八五”计划的建议》指出，改革开放以来，地区经济得到空前发展，经济实力显著增强，但重复建设项目过多，产业结构趋同，资源配置不合理，地区分割与封锁严重，难以发挥比较优势，影响全国统一市场的形成。因此，今后十年要促进地区经济的合理分工和协调发展。1991 年 3 月，李鹏在第七届全国人民代表大会第四次会议上所作的《关于国民经济和社会发展十年规划和第八个五年计划纲要的报告》中指出，生产力的合理布局和地区经济的协调发展，是中国经济建设和社会发展中一个极为重要的问题。中国地域辽阔，各地区经济发展和资源分布很不平衡。正确处理全国经济发展与地区经济发展之间以及地区经济之间的关系，不仅关系到各种优势的发挥和经济的合理发展，而且关系到国家的统一和全国各民族的团结。[①] 要正确处理发挥地区优势与全国统筹规划的关系；正确处理资源富集地区与加工工业集中地区的关系；正确

① 中共中央文献研究室：《十三大以来重要文献选编》（下），中央文献出版社 2011 年版，第 56 页。

处理经济发达地区与经济较不发达地区的关系。1991年4月,第七届全国人民代表大会第四次会议通过的《国民经济和社会发展十年规划和第八个五年计划纲要》提出要"根据统筹规划、合理分工、优势互补、协调发展、利益兼顾、共同富裕的原则,努力改善地区经济结构和生产力布局。"①《国民经济和社会发展十年规划和第八个五年计划纲要》还指出,"八五"期间,要按照今后十年地区经济发展和生产力布局的基本原则,促进地区经济朝着合理分工、各展其长、优势互补、协调发展的方向前进。

此后,在中共中央领导人一系列重要讲话以及中共中央文件中,进一步对区域协调发展的指导方针进行酝酿。1991年12月,江泽民在贵州考察时指出,在继续大力发展东部地区的同时,要把中西部地区的经济振兴作为一个重要的发展战略有计划有步骤地实施好。1992年初,邓小平南方谈话中提出了东西部共同富裕的战略构想。1992年10月,江泽民在中共十四大政治报告中指出,应当在国家统一规划指导下,按照因地制宜、合理分工、各展所长、优势互补、共同发展的原则,促进地区经济合理布局和健康发展。1993年11月,中共十四届三中全会通过的《关于建立社会主义市场经济体制若干问题的决定》指出,要建立以按劳分配为主体,效率优先、兼顾公平的收入分配制度,鼓励一部分地区一部分人先富起来,走共同富裕的道路。

二、区域协调发展指导方针的确立与政策部署

"八五"时期,根据统筹规划、合理分工、优势互补、协调发展、利益兼顾、共同富裕的原则,各地区因地制宜发展优势产业,区域经济不同程度地发展壮大。东部沿海地区发挥资金、技术、人才和地缘优势,资金技术密集以及外向程度高的产业迅速发展,对外经济技术交流水平进一步提高,辐射和示范作用进一步增强。中西部地区发挥资源优势,农业、能源、原材料等产业进一步壮大,有力地支持了全国经济发展。国家加强了支持中西部发展的力度,在扶持民族地区、贫困地区发展和基础设施建设等方面取得成效。地区间的分工合作与经济交流有了新的进展。但在各地区经济都取得一定程度发展的同时,区域经济发展的差距依然存在。1994年,东部地区国民生产总值(现已更名为国民总收入)占全国的比重为58.4%,而中部地区为27.2%,西部地区仅为14.4%。针对区域经济发展差距的扩大,

① 《国民经济和社会发展十年规划和第八个五年计划纲要》,《中华人民共和国国务院公报》1991年第12号。

1995年9月，中共十四届五中全会通过的《关于制定国民经济和社会发展"九五"计划和2010年远景目标的建议》中，将"坚持区域经济协调发展，逐步缩小地区发展差距"①作为今后15年经济和社会发展必须贯彻的重要方针之一。《关于制定国民经济和社会发展"九五"计划和2010年远景目标的建议》指出，改革开放以来，鼓励一部分地区发展得快一些，先富起来，提倡先富带动和帮助后富，各地经济都有很大发展，人民生活水平都有很大提高。但是，由于多种因素，地区经济发展差距有所扩大。从战略上看，沿海地区先发展起来并继续发挥优势，这是一个大局，内地要顾全这个大局。发展到一定时候沿海多做一些贡献支持内地发展，这也是大局，沿海也要服从这个大局。从"九五"开始，要更加重视支持内地的发展，实施有利于缓解差距扩大趋势的政策，并逐步加大工作力度，积极朝着缩小差距的方向努力。逐步缩小地区发展差距和解决好社会分配不公，最终实现共同富裕，是保持社会稳定的重要条件，是体现社会主义本质的重要方面。

按照中共中央的建议，1996年3月，第八届全国人民代表大会第四次会议通过的《国民经济和社会发展"九五"计划和2010年远景目标纲要》专门列出"促进区域经济协调发展"部分，提出要按照统筹规划、因地制宜、发挥优势、分工合作、协调发展的原则，正确处理全国经济发展与地区经济发展的关系，正确处理建立区域经济与发挥各省区市积极性的关系，正确处理地区与地区之间的关系。《国民经济和社会发展"九五"计划和2010年远景目标纲要》阐述了促进区域经济协调发展的主要政策措施：东部地区要充分利用有利条件，多利用国外资金、资源和市场，进一步增强经济活力，发展外向型经济。在深化改革、转变经济增长方式、提高经济素质和效益方面迈出更大的步伐，促进经济又好又快地发展，为全国提供新的经验。中西部地区，要积极适应发展市场经济的要求，加快改革开放步伐，加强水利、交通、通信建设，充分利用现有的经济技术基础，发挥资源优势，大力发展农林牧业及其加工业，开发能源和矿产资源，积极发展优势产业和产品，提高加工深度，使资源优势逐步变为经济优势。《国民经济和社会发展"九五"计划和2010年远景目标纲要》还阐述了促进中西部地区发展的政策举措：优先在中西部地区安排资源开发和基础设施建设项目；理顺资源性产品价格，增强中西部地区自我发展的能力；实行规范的中央财政转移支付

① 中共中央文献研究室：《十四大以来重要文献选编》(中)，中央文献出版社2011年版，第471页。

制度，逐步增加对中西部地区的财政支持；加快中西部地区改革开放的步伐，引导外资更多地投向中西部地区；加强东部沿海地区与中西部地区的经济联合与技术合作。鼓励东部沿海地区向中西部地区投资，组织好中西部地区对东部沿海地区的劳务输出。

1997 年 9 月，江泽民在中共十五大的报告中，从调整和优化经济结构的战略高度，进一步阐述了促进地区经济合理布局和协调发展的战略思想。关于经济结构的调整和优化，江泽民指出，要根据我国经济发展状况，充分考虑世界科学技术加快发展和国际经济结构加速重组的趋势，着眼于全面提高国民经济整体素质和效益，增强综合国力和国际竞争力，对经济结构进行战略性调整。这是国民经济发展的迫切要求和长期任务。总的原则是：以市场为导向，使社会生产适应国内外市场需求的变化；依靠科技进步，促进产业结构优化；发挥各地优势，推动区域经济协调发展；转变经济增长方式，改变高投入、低产出，高消耗、低效益的状况。关于促进地区经济合理布局和协调发展，江泽民指出，东部地区要充分利用有利条件，在推进改革开放中实现更高水平的发展，有条件的地方要率先基本实现现代化。中西部地区要加快改革开放和开发，发挥资源优势，发展优势产业。国家要加大对中西部地区的支持力度，优先安排基础设施和资源开发项目，逐步实行规范的财政转移支付制度，鼓励国内外投资者到中西部投资。要进一步发展东部地区同中西部地区多种形式的联合和合作，更加重视和积极帮助少数民族地区发展经济，从多方面努力，逐步缩小地区发展差距。

第三节　西部大开发战略的启动与初步实施

在区域协调发展指导方针和政策部署的指导下，中西部地区的发展得到加强，但和东部地区的差距依然较大，尤其对西部地区而言，差距更加明显。为了推进区域协调发展战略，缩小区域差距，中共中央作出了西部大开发的重要战略部署，推进西部地区发展取得初步成效。

一、西部大开发战略的提出原因

第一，有利于缩小区域发展差距。1979—1999 年，东部地区的经济总量平均增长 7.8 倍，而西部地区仅增长 5.7 倍。西部地区生产总值年均增长率比东部地区低 1.4 个百分点。经过 20 年的积累，东部沿海的广东、福建的经济增长速度年均高达 13.7%，而西部的青海却只有 7.2%。1999

年，东部地区人均地区生产总值已达10276元，而西部地区只有4171元。[①]如果不加快西部地区发展，地区差距将会不断拉大。

第二，有利于提高我国经济效益和竞争力。从国际环境看，经济全球化加速发展，科技进步日新月异，世界经济加快结构调整的步伐，国际竞争日益激烈。从国内形势看，随着我国现代化建设第一步和第二步战略目标的相继实现，经济增长逐渐由数量扩张型向质量效益型转变，但同时也暴露出影响经济效益提高的新的矛盾和问题，如需求不足、经济结构不合理、农民收入增长缓慢、区域性生态环境保护形势严峻、区域经济发展差距拉大、西部贫困地区和边远少数民族地区亟待加快发展等。我国现代化建设要向第三步战略目标迈进，必须继续深化改革，扩大开放，加快经济结构的战略性调整，增强经济发展的后劲。实施西部大开发，可以创造出大量投资机遇，增强对经济增长的拉动，有利于促进我国经济持续快速健康发展；西部地区优势资源的开发利用，可以为东中部地区的发展提供有力支撑；西部地区巨大市场的开拓，可以加强国内经济联合，进一步促进生产力的合理布局，提高我国的经济效益和竞争力。

第三，有利于国家的繁荣昌盛和长治久安。西部地区人口约占全国的23%，国土面积约占全国的57%。有50个少数民族聚居在西部地区。[②]西北地区是中华民族和中华文明的重要发祥地，同时还是古代中华文明与世界文明的重要交汇处。加快西部地区的发展，对于国家的繁荣昌盛和长治久安也具有重要意义。

第四，有利于解决西部地区基础设施相对薄弱和生态环境严重恶化的问题。在基础设施方面，西部地区交通建设落后、水利设施薄弱、江河防洪抗灾能力普遍偏低、通信设施缺乏，妨碍了西部地区与外界的人员交往和物资流通，加大了落后地区与发达地区的信息鸿沟。在生态环境方面，西部地区水土流失、荒漠化、环境污染等问题都非常突出。西部地区常年因上游水土流失而进入长江、黄河的泥沙量达20多亿吨，导致了长江、黄河中下游地区的水患以及北方地区少雨干旱。20世纪末，全国每年新增荒漠化面积2400多平方公里，90%以上在西部。西部地区不少城市的环境污染问题也非常严重。

---

① 曾培炎：《西部大开发决策回顾》，中共党史出版社2010年版，第35页。

② 陈夕：《中国共产党与西部大开发》，中共党史出版社2014年版，第86页。

二、西部大开发战略的确立

1999年3月，江泽民在第九届全国人民代表大会第二次会议和全国政协九届二次会议的党员负责人会上指出，中央已经明确了加快中西部地区开发的方针，并且把扩大国内需求作为促进经济增长的主要措施，实行积极的财政政策，这对于加快中西部的发展是一个很好的时机。西部地区那么大，占全国国土面积的一半以上，但大部分处于未开发或荒漠化状态。西部地区迟早是要大开发的，不开发，我们怎么实现全国的现代化？中国怎么能成为经济强国？[①] 1999年6月9日，在中央扶贫开发工作会议上，江泽民明确指出，有两亿多人口的西部地区，农民刚刚实现低水平的温饱。加大中西部地区扶贫开发的力度，不仅可以解决贫困人口的温饱问题，而且对于扩大内需，促进全国经济的发展也是至关重要的。加快中西部地区发展步伐的条件已经基本具备，时机已经成熟。我们如果看不到这些条件，不抓住这个时机，不把该做的事情努力做好，就会犯历史性错误。1999年6月17日，江泽民在西安主持召开西北五省区国有企业改革和发展座谈会时更加系统地阐述了西部大开发的战略构想。他指出，我们正处在世纪之交，必须不失时机地加快中西部地区发展，特别是要抓紧研究实施西部地区大开发。没有西部地区的稳定就没有全国的稳定，没有西部地区的小康就没有全国的小康，没有西部地区的现代化就不能说实现了全国的现代化。要下决心通过几十年乃至整个下世纪的艰苦努力，建设一个经济繁荣、社会进步、生活安定、民族团结、山川秀美的西部地区。1999年9月，中共十五届四中全会上正式作出了实施西部大开发战略的决定。江泽民在会议上指出，实施西部大开发和加快小城镇建设，都是关系我国经济和社会发展的重大战略问题，应该提上议事日程，进行全面调查研究，拿出方案，加紧实施。2000年10月，国务院在《关于实施西部大开发若干政策措施的通知》中提出了实施西部大开发的重点任务：加快基础设施建设；加强生态环境保护和建设；巩固农业基础地位，调整工业结构，发展特色旅游业；发展科技教育和文化卫生事业。力争用5到10年时间，使西部地区基础设施和生态环境建设取得突破性进展，西部开发有一个良好的开局。到21世纪中叶，要将西部地区建成一个经济繁荣、社会进步、生活安定、民族团结、山川秀美的新西部。

① 曾培炎：《西部大开发决策回顾》，中共党史出版社2010年版，第8页。

三、西部大开发战略实施取得的初步进展

2000年，西部大开发战略正式启动实施。2000—2004年，国家在规划指导、重大工程建设、资金投入、政策措施等多方面对西部大开发予以重点支持。中央建设资金累计安排西部地区约4600亿元，财政转移支付和专项补助累计安排5000多亿元，有力地支持了西部地区经济建设和社会事业发展。西部大开发各方面工作取得重要进展，西部城乡面貌有了很大变化。第一，经济增长速度加快。2000—2004年，西部地区生产总值分别增长8.5%、8.8%、10.0%、11.3%和12%，高于前些年的增长速度。结构调整步伐加快，特色产业发展开始起步，财政收入逐年增长，经济效益逐步提高，人民生活不断改善。第二，基础设施建设取得较大进展。2000—2004年，西部地区固定资产投资年均增长20%以上，明显高于全国平均水平。陆续新开工60个重大建设工程，投资总规模约8500亿元。交通干线、水利枢纽、西电东送、西气东输、通信网络等重大基础设施建设进展顺利。油路到县、送电到乡、广播电视到村、人畜饮水、沼气利用、节水灌溉等农村基础设施建设逐步推进，农村生产生活条件得到改善。第三，生态环境保护和建设显著加强。西部退耕还林7350多万亩，荒山荒地造林9570多万亩，退牧还草1.9亿亩。天然林保护、京津风沙源治理、三峡库区国土整治及水污染治理、江河源头生态保护等重点工程全面展开，取得明显成效。第四，科技教育等社会事业加快发展。科技体制创新不断推进，科技成果转化能力增强。科研基地和高技术产业化示范项目建设取得初步成果。重点高校基础设施建设和学科建设步伐加快。农村义务教育得到加强，7000多所中小学危房得到改造。农村医疗卫生条件有所改善，国家支持建设260所贫困县医院。疾病预防控制中心建设取得进展。干部交流和人才培训工作逐步展开。第五，西部大开发促进了其他地区的发展。西部地区重点工程建设所需的设备、技术等，很多来自东部和中部地区，有效地扩大了这些地区的市场空间，促进了产业结构调整，增加了就业岗位。同时，西部地区还输出大量能源、原材料等资源，保证了其他地区经济发展的需要。这些都有力地支持了东部和中部地区的经济发展，为保持国民经济平稳较快增长发挥了重要作用。①

---

① 温家宝：《开拓创新　扎实工作　不断开创西部大开发的新局面》，《中华人民共和国国务院公报》2005年第9号。

第六章

区域发展总体战略的推进与主体功能区战略的形成

中共十六大以来，中共中央、国务院陆续部署了继续推进西部大开发战略、实施东北地区等老工业基地振兴战略、促进中部地区崛起规划和鼓励东部地区率先发展政策，推进了区域发展总体战略的实施，不断释放了各地区发展潜力，充分发挥了区域的比较优势，我国区域协调发展步入一个新的历史阶段。同时，为了加强国土规划，完善区域政策，调整经济布局，国家还出台了《全国主体功能区规划》，推进形成了主体功能区战略，促进了人口、经济和资源环境相协调的国土空间开发格局的形成。

第一节　区域发展总体战略的提出与实施

一、区域发展总体战略的提出

2002年11月，中共十六大报告在提出全面建设小康社会的奋斗目标时指出，我们正处于并将长期处于社会主义初级阶段，现在达到的小康还是低水平的、不全面的、发展很不平衡的小康，城乡二元经济结构还没有改变，地区差距扩大的趋势尚未扭转，贫困人口还为数不少。为了全面建设小康社会的奋斗目标的实现，关于区域发展，报告指出，要积极推进西部大开发，促进区域经济协调发展。实施西部大开发战略，要打好基础，扎实推进，重点抓好基础设施和生态环境建设，积极发展有特色的优势产业，推进重点地带开发，发展科技教育，培养和用好各类人才。中部地区要加大结构调整力度，推进农业产业化，改造传统产业，培育新的经济增长点，加快工业化和城镇化进程。东部地区要加快产业结构升级，发展现代农业，发展高新技术产业和高附加值加工制造业，进一步发展外向型经济。支持东北地区等老工业基地加快调整和改造，支持以资源开采为主的城市和地区发展接续产业。加强东、中、西部经济交流和合作，实现优势互补和共同发展，形成若干各具特色的经济区和经济带。

2003 年 10 月，中共十六届三中全会通过的《关于完善社会主义市场经济体制若干问题的决定》中提出了以人为本，全面、协调、可持续的科学发展观，并强调按照统筹城乡发展、统筹区域发展、统筹经济社会发展、统筹人与自然和谐发展、统筹国内发展和对外开放的要求，更大程度地发挥市场在资源配置中的基础性作用，增强企业活力和竞争力，健全国家宏观调控，完善政府社会管理和公共服务职能，为全面建设小康社会提供强有力的体制保障。[①]《关于完善社会主义市场经济体制若干问题的决定》还提出要继续完善国家宏观调控体系，加快转变政府职能。加强对区域发展的协调和指导，积极推进西部大开发，有效发挥中部地区综合优势，支持中西部地区加快改革发展，振兴东北地区等老工业基地，鼓励东部有条件地区率先基本实现现代化。

2004 年 9 月，中共十六届四中全会通过的《关于加强党的执政能力建设的决定》中指出，坚持以人为本、全面协调可持续的科学发展观，更好地推动经济社会发展。推动建立统筹城乡发展、统筹区域发展、统筹经济社会发展、统筹人与自然和谐发展、统筹国内发展和对外开放的有效体制机制。在指导方针、政策措施上注重加强薄弱环节，重视实施西部大开发战略和振兴东北地区等老工业基地战略，促进中部地区崛起，支持革命老区、少数民族地区、边疆地区和其他欠发达地区加快发展。贯彻落实科学发展观，要坚持从实际出发，因地制宜，分类指导，积极推进。

2005 年 10 月，中共十六届五中全会通过的《关于制定国民经济和社会发展第十一个五年规划的建议》中提出，要形成合理的区域发展格局，继续推进西部大开发，振兴东北地区等老工业基地，促进中部地区崛起，鼓励东部地区率先发展。健全市场机制，打破行政区划的局限，促进生产要素在区域间自由流动，形成区域间相互促进、优势互补的互动机制。2006 年 3

① 中共中央文献研究室：《改革开放三十年重要文献选编》(下)，中央文献出版社 2008 年版，第 1348-1349 页。

月，第十一届全国人民代表大会第四次会议通过的《国民经济和社会发展第十一个五年规划纲要》中首次提出实施区域发展总体战略。《国民经济和社会发展第十一个五年规划纲要》提出要坚持实施推进西部大开发，振兴东北地区等老工业基地，促进中部地区崛起，鼓励东部地区率先发展的区域发展总体战略，健全区域协调互动机制，形成合理的区域发展格局。2007 年 10 月，中共十七大报告中提出，要继续实施区域发展总体战略，深入推进西部大开发，全面振兴东北地区等老工业基地，大力促进中部地区崛起，积极支持东部地区率先发展。

二、在科学发展观指导下推进区域发展总体战略的实施

中共十七大报告中对科学发展观进行了深入阐释。报告指出，科学发展观，第一要义是发展，核心是以人为本，基本要求是全面协调可持续，根本方法是统筹兼顾。按照科学发展观的要求实施区域发展总体战略，需要统筹兼顾、协调好区域发展中的各方面关系，走区域协调发展、共同富裕之路。一方面，需要充分发挥各个地区的比较优势，合理布局，不断释放各地区发展潜力，在具体实施区域发展总体战略时，四大板块区域发展的重点如下。

西部地区要加快改革开放步伐，通过国家支持、自身努力和区域合作，增强自我发展能力。坚持以线串点，以点带面，依托中心城市和交通干线，实行重点开发。加强基础设施建设，建设出境、跨区铁路和西煤东运新通道，建成“五纵七横”西部路段和 8 条省际公路，建设电源基地和西电东送工程。巩固和发展退耕还林成果，继续推进退牧还草、天然林保护等生态工程，加强植被保护，加大荒漠化和石漠化治理力度，加强重点区域水污染防治。加强青藏高原生态安全屏障保护和建设。支持资源优势转化为产业优势，大力发展特色产业，加强清洁能源、优势矿产资源开发及加工，支持发展先进制造业、高技术产业及其他有优势的产业。加强和改善公共服务，优先发展义务教育和职业教育，改善农村医疗卫生条件，推进人才开发和科技创新。建设和完善边境口岸设施，加强与毗邻国家的经济技术合作，发展边境贸易。落实和深化西部大开发政策，加大政策扶持和财政转移支付力度，推动建立长期稳定的西部开发资金渠道。

东北地区要加快产业结构调整和国有企业改革改组改造，在改革开放中实现振兴。发展现代农业，强化粮食基地建设，推进农业规模化、标准化、机械化和产业化经营，提高商品率和附加值。建设先进装备、精品钢

材、石化、汽车、船舶和农副产品深加工基地，发展高技术产业。建立资源开发补偿机制和衰退产业援助机制，抓好阜新、大庆、伊春和辽源等资源枯竭型城市经济转型试点，搞好棚户区改造和采煤沉陷区治理。加强东北东部铁路通道和跨省区公路运输通道等基础设施建设，加快市场体系建设，促进区域经济一体化。扩大与毗邻国家的经济技术合作。加强黑土地水土流失和东北西部荒漠化综合治理。支持其他地区老工业基地的振兴。

中部地区要依托现有基础，提升产业层次，推进工业化和城镇化，在发挥承东启西和产业发展优势中崛起。加强现代农业特别是粮食主产区建设，加大农业基础设施建设投入，增强粮食等大宗农产品生产能力，促进农产品加工转化增值。支持山西、河南、安徽加强大型煤炭基地建设，发展坑口电站和煤电联营。加快钢铁、化工、有色、建材等优势产业的结构调整，形成精品原材料基地。支持发展矿山机械、汽车、农业机械、机车车辆、输变电设备等装备制造业以及软件、光电子、新材料、生物工程等高技术产业。构建综合交通运输体系，重点建设干线铁路和公路、内河港口、区域性机场。加强物流中心等基础设施建设，完善市场体系。

东部地区要率先提高自主创新能力，率先实现经济结构优化升级和增长方式转变，率先完善社会主义市场经济体制，在率先发展和改革中带动帮助中西部地区发展。加快形成一批自主知识产权、核心技术和知名品牌，提高产业素质和竞争力。优先发展先进制造业、高技术产业和服务业，着力发展精加工和高端产品。促进加工贸易升级，积极承接高技术产业和现代服务业转移，提高外向型经济水平，增强国际竞争力。加强耕地保护，发展现代农业。提高资源特别是土地、能源利用效率，加强生态环境保护，增强可持续发展能力。继续发挥经济特区、上海浦东新区的作用，推进天津滨海新区开发开放，支持海峡西岸和其他台商投资相对集中地区的经济发展，带动区域经济发展。

另一方面，实施区域发展总体战略，除了发挥各地区比较优势外，还应健全市场机制，打破行政区划的局限，促进生产要素在区域间自由流动，引导产业转移；健全合作机制，鼓励和支持各地区开展多种形式的区域经济协作和技术、人才合作，形成以东带西、东中西共同发展的格局；健全互助机制，发达地区要采取对口支援、社会捐助等方式帮扶欠发达地区；健全扶持机制，按照公共服务均等化原则，加大国家对欠发达地区的支持力度。国家继续在经济政策、资金投入和产业发展等方面，加大对中西部地区的支持。

第二节　区域发展总体战略的推进

一、继续推进西部大开发

西部大开发战略实施以来，2000—2005年，西部地区生产总值年均增长10.6%，地方财政收入年均增长15.7%。累计新开工70个重大建设工程，投资总规模约1万亿元。西部地区累计治理水土流失1600万公顷，实施生态自然修复面积2800万公顷。《西部大开发"十一五"规划》指出，实施西部大开发战略以来，特别是"十五"时期，西部地区经济增长最快，发展效益最好，综合实力提高最为显著，城乡居民得到实惠最多，为继续推进西部大开发奠定了重要物质基础和良好发展环境。但西部地区发展也面临严峻的挑战，与其他地区特别是发达地区相比还存在较大差距，主要表现在：基础设施依然滞后，西北地区水资源严重缺乏，地区自我发展能力特别是技术创新能力不足，产业结构不合理，产业链条不长，影响资源优势转化为经济优势。"三农"问题和城乡就业矛盾也尤为突出，扶贫开发工作十分艰巨。基本公共服务水平偏低，人才不足和人才流失现象严重。发展观念和体制机制还不适应市场经济的要求。实施西部大开发在资金投入、人才开发、法制保障等方面的长效机制还不完善。

"十一五"时期，在深入贯彻落实科学发展观和构建社会主义和谐社会两大战略思想的指导下，随着国民经济持续平稳较快发展，综合国力不断提高，国家对西部建设资金投入和财政转移支付等政策扶持力度逐步加大，继续推进西部大开发，面临难得的机遇。2006年12月8日，国务院常务会议审议并原则通过《西部大开发"十一五"规划》。2010年4月7日，温家宝主持召开国务院常务会议，研究深入实施西部大开发战略的重点任务和政策措施。2010年7月5日至6日，中共中央、国务院在北京召开西部大开发工作会议，提出了今后10年深入实施西部大开发战略的总体目标。2012年1月9日，国务院西部地区开发领导小组会议和国务院振兴东北地区等老工业基地领导小组会议讨论通过《西部大开发"十二五"规划》。《西部大开发"十二五"规划》明确了西部地区经济增速和城乡居民收入增速均高于全国平均水平等7大目标。2012年2月，国务院正式批复同意《西部大开发"十二五"规划》。

西部大开发战略的继续推进，有力地促进了西部地区经济实力的增强和各项事业的迅速发展。2010年主要经济指标比2005年翻了一番以上。基础设施建设取得突破性进展，综合交通运输网骨架初步形成，新增公路通车里程、新增铁路营业里程分别达到36.5万公里和8000公里。生态建设和环境保护成效显著，重点生态工程进展顺利，主要污染物排放量明显减少，环境质量进一步改善。特色优势产业快速发展，资源优势逐步转变为经济优势，自我发展能力显著增强。社会事业取得长足进步，“两基”攻坚计划全面完成，社会保障覆盖面进一步扩大。人民生活水平明显提升，2010年西部地区城乡居民收入比2005年分别增长80.0%和85.7%，城乡面貌发生历史性变化。

二、全面振兴东北地区等老工业基地

东北老工业基地曾为我国经济发展作出过重要贡献，装备制造、原材料、军工、农业、森工等行业在国民经济中占有举足轻重的地位。改革开放以来，东北地区由于体制机制转换较慢，经济发展状况与沿海开放地区的差距明显拉大。1980年广东省经济总量是辽宁省的1/2，而2001年东北三省经济总量只有广东省的62%。除此之外，东北地区企业亏损、职工下岗、资源型城市枯竭等问题也日益严重。

2003年9月29日，中共中央政治局讨论通过《关于实施东北地区等老工业基地振兴战略的若干意见》。2007年8月，国家发展和改革委员会及国务院振兴东北地区等老工业基地领导小组办公室编制的《东北地区振兴规划》发布。2009年9月11日，国务院发布《关于进一步实施东北地区等老工业基地振兴战略的若干意见》。2010年4月16日，黑龙江省、吉林省、辽宁省和内蒙古自治区主要负责人在沈阳出席东北四省区合作首次行政首长联席会议，共同签署了《东北四省区合作框架协议》。2011年7月26日，东北四省区行政首长联席会议达成《推进东北地区战略性新兴产业合作协议》《东北三省与蒙东地区战略合作协议》和《加快建设东北东部经济带合作协议》。2012年1月9日，国务院西部地区开发领导小组会议和国务院振兴东北地区等老工业基地领导小组会议讨论通过《东北振兴“十二五”规划》。2012年3月，《东北振兴“十二五”规划》获国务院批复。

实施东北地区等老工业基地振兴战略以来，东北地区发展取得重要阶段性成果。2011年，东北三省经济总量达到4.5万亿元，经济发展速度高于全国平均水平；百万千瓦核电装备、百万伏特高压输变电设备、百万吨乙烯核心装置等一大批重大技术装备研制成功，重大装备自主化成绩斐然；

粮食产量由2004年的1446亿斤提高到2011年的2155亿斤，为全国粮食产量实现“八连增”作出重要贡献；国企改革攻坚取得重大突破，多种所有制经济蓬勃发展，沿海沿边开放同步推进，利用外资大幅提高；新农合参保率达90%以上，城镇登记失业率降到4.3%以下，改造城市棚户区1.3亿平方米，社会民生明显改善。

三、大力促进中部崛起

中部地区位于我国内陆腹地，具有承东启西、连南通北的区位优势。区域内人口众多，自然、文化资源丰富，科教基础较好，便捷通达的水陆空交通网络初步形成，农业特别是粮食生产优势明显，工业基础比较雄厚，产业门类齐全，生态环境容量较大，集聚和承载产业、人口的能力较强，具有加快经济社会发展的良好条件。但自改革开放以来，中部地区的经济水平在全国范围内的地位呈现一种持续下降的趋势。1980年中部地区人均生产总值相当于全国平均数的88%，1990年下降到83%，而到2005年，中部地区只相当于全国平均水平的75%。2005年，中部六省生产总值为37230.30亿元，仅占全国的20.34%，社会消费品零售总额为13184亿元，仅占全国的19.4%。①

2004年3月，温家宝在政府工作报告中首次明确提出促进中部地区崛起。2006年3月27日，中共中央政治局召开会议，研究促进中部地区崛起工作。2008年1月11日，国务院正式批复国家发展和改革委员会有关建立促进中部地区崛起工作部际联席会议制度的请示报告，同意建立由国家发展和改革委员会牵头的促进中部地区崛起工作部际联席会议制度。2009年9月23日，温家宝主持召开国务院常务会议，讨论并原则通过《促进中部地区崛起规划》。2010年8月，国家发展和改革委员会公布《促进中部地区崛起规划实施意见》。2010年9月6日，《关于中西部地区承接产业转移的指导意见》正式出台。2012年7月25日，国务院常务会议讨论通过《关于大力实施促进中部地区崛起战略的若干意见》。

中部地区崛起战略实施以来，国家加大政策支持力度，中部六省抢抓机遇加快发展，促进中部地区崛起工作取得积极成效。一是发展速度明显加快，经济运行质量不断提高，总体实力进一步增强。2005—2010年，中

① 上海财经大学区域经济研究中心：《2007中国区域经济发展报告 中部塌陷与中部崛起》，上海人民出版社2007年版，第3页。

部地区生产总值年均增幅达15.3%，超过全国平均水平5个百分点；人均生产总值年均增幅超过13.5%，高于同期全国平均水平。2010年，中部固定资产投资增速高于东部和西部，社会消费品零售总额增长率居全国首位。2005—2010年，中部地区进出口商品总额年均增长31.5%，同期各省对外贸易年均增速大大高于同期全省生产总值增速。二是一批重大建设项目陆续开工，粮食生产基地、能源原材料基地、现代装备制造及高技术产业基地和综合交通运输枢纽建设取得积极进展。三是体制机制创新稳步推进，对外开放水平不断提高，武汉城市圈、长株潭城市群资源节约型和环境友好型社会建设试点开局良好。四是就业结构进一步改善。2009年，中部六省第一、二、三产业从业人员所占比重分别为47%、21%、32%，第一产业从业人员降到50%以内，第三产业从业人员所占比重稳步增长。五是政府提供基本公共服务能力日益增强，社会事业全面发展。2010年中部六省60%的参保对象纳入医疗保险。地级以上城市社区卫生服务覆盖城市市民比例达到95.32%，社会保障制度不断完善。

四、积极支持东部地区率先发展

改革开放至20世纪90年代初期实施的优先发展东部沿海地区的区域经济非均衡发展战略，曾经促进了东部地区经济的快速发展，但随着国内外形势的变化，东部地区要继续保持领先地位，依然面临诸多问题，如城市之间竞争激烈，产业布局不合理、资源不能有效共享，经济结构中非知识型经济占有较大比例，自主创新能力不强等。要解决上述问题，东部地区亟须提高自主创新能力、实现经济结构的优化升级、转变经济增长方式。

2006年3月，国家“十一五”规划纲要首次正式提出东部地区率先发展战略。2007年10月，中共十七大报告进一步提出要积极支持东部地区率先发展。2012年3月，国家“十二五”规划纲要明确提出，要发挥东部地区对全国经济发展的重要引领和支撑作用，在更高层次参与国际合作和竞争，在改革开放中先行先试，在转变经济发展方式、调整经济结构和自主创新中走在全国前列。

东部地区率先发展战略实施以来，东部地区肩负使命，经历了一场发展方式的深刻转变和创新。2008年分省份单位生产总值能耗从低向高排序，前3名依次是北京、广东、浙江，东部10个省市单位生产总值能耗为0.9255吨标准煤/万元，低于全国平均水平1.102吨标准煤/万元，切实转变了经济发展方式。2009年，东部、中部、西部和东北地区第三产业增加值加权平均增长率分别为11.9%、11.1%、12.9%和11.7%，占全国的比重分别为57.6%、17.0%、17.4%和8.0%，东部地区产业结构优化升级走在全国前列，保持了经济持续稳定发展。2010年，东部地区高技术产业研究与试验发展（R&D）经费投入规模占全国的84%，远高于中西部地区；高技术产业产值占全国的比重达85.3%，几乎是中西部地区的6倍，大力提高了自主创新能力。

第三节　推进形成主体功能区战略

一、主体功能区战略的形成

区域发展总体战略的实施逐步缩小了区域差距，提升了区域协调发展的成效，但同时也带来了诸多矛盾和问题：各地区为了追求地区间人均生产总值差距的缩小，往往无视本地区发展的客观条件，在大力推进工业化和城镇化的过程中，引发了各种社会矛盾和大量的生态环境问题。因此，区域协调发展不仅要解决区域间经济差距的扩大和区际利益冲突问题，还要解决各区域经济发展、社会发展和生态环境之间的不协调以及空间开发无序的问题。为此，主体功能区战略应运而生。

2005年10月，中共十六届五中全会通过的“十一五”规划的建议中指出，各地区要根据资源环境承载能力和发展潜力，按照优化开发、重点开发、限制开发和禁止开发的不同要求，明确不同区域的功能定位，并制定相应的政策和评价指标，逐步形成各具特色的区域发展格局。2006年3月，国家“十一五”规划纲要中明确提出要推进形成主体功能区，要根据资源环境承载能力、现有开发密度和发展潜力，统筹考虑未来我国人口分布、经济布局、国土利用和城镇化格局，将国土空间划分为优化开发、重点开发、限制开发和禁止开发四类主体功能区，按照主体功能定位调整完善区域政策和绩效评价，规范空间开发秩序，形成合理的空间开发结构。2007年10月，中共十七大报告再次强调，要加强国土规划，按照形成主体功能区的要求，完善区域政策，调整经济布局。2010年6月，国务院常务会议审议并原则通过《全国主体功能区规划》。2010年10月，《关于制定国民经济和社会发展第十二个五年规划的建议》中将主体功能区建设提升到国家战略高度，指出要实施区域发展总体战略和主体功能区战略，构筑区域经济优势互补、主体功能定位清晰、国土空间高效利用、人与自然和谐相处的区域发展格局，逐步实现不同区域基本公共服务均等化。

主体功能区战略以优化国土空间开发格局为主要目标，通过实施空间管制来解决空间开发无序的问题，其基本思路和内容不同于区域发展总体战略，但与区域发展总体战略不矛盾，是对已有四大板块区域格局的细化和完善。它是在原有区域格局的基础上，根据各区域自身的资源环境承载能力、现有开发强度和未来发展潜力等特点，将整个国土空间划分为优化开发区域、重点开发区域、限制开发区域和禁止开发区域，各区域具有不同的主体功能。其中，对人口密集、开发强度偏高、资源环境负荷过重的部分城市化地区要优化开发；对资源环境承载能力较强、集聚人口和经济条件较好的城市化地区要重点开发；对影响全局生态安全的重点生态功能区要限制大规模、高强度的工业化城镇化开发；对依法设立的各级各类自然文化资源保护区和其他需要特殊保护的区域要禁止开发。

二、我国四类主体功能区的发展方向和政策重点导向

关于我国四类主体功能区的发展方向，优化开发区域要改变依靠大量占用土地、大量消耗资源和大量排放污染实现经济较快增长的模式，把提高增长质量和效益放在首位，提升参与全球分工与竞争的层次，继续成为带动全国经济社会发展的龙头和我国参与经济全球化的主体区域。重点开发区域要充实基础设施，改善投资创业环境，促进产业集群发展，壮大经济规模，加快工业化和城镇化，承接优化开发区域的产业转移，承接限制开发区域和禁止开发区域的人口转移，逐步成为支撑全国经济发展和人口集聚的重要载体。限制开发区域要坚持保护优先、适度开发、点状发展，因地制宜发展资源环境可承载的特色产业，加强生态修复和环境保护，引导超载人口逐步有序转移，逐步成为全国或区域性的重要生态功能区。禁止开发区域要依据法律法规规定和相关规划实行强制性保护，控制人为因素对自然生态的干扰，严禁不符合主体功能定位的开发活动。

关于我国主体功能区的政策重点导向，既要考虑财税、投资、产业、土地、环保、人口等多种政策手段的组合，还要突出四类主体功能区的政策重点差异，逐步形成目标明确、重点突出、现实可行的政策体系。其中，财政政策，要增加对限制开发区域、禁止开发区域用于公共服务和生态环境补偿的财政转移支付，逐步使当地居民享有均等化的基本公共服务。投资政策，要重点支持限制开发区域、禁止开发区域公共服务设施建设和生态环境保护，支持重点开发区域基础设施建设。产业政策，要引导优化开发区

域转移占地多、消耗高的加工业和劳动密集型产业，提升产业结构层次；引导重点开发区域加强产业配套能力建设；引导限制开发区域发展特色产业，限制不符合主体功能定位的产业扩张。土地政策，要对优化开发区域实行更严格的建设用地增量控制，在保证基本农田不减少的前提下适当扩大重点开发区域建设用地供给，对限制开发区域和禁止开发区域实行严格的土地用途管制，严禁生态用地改变用途。人口管理政策，要鼓励在优化开发区域、重点开发区域有稳定就业和住所的外来人口定居落户，引导限制开发区域和禁止开发区域的人口逐步自愿平稳有序转移。绩效评价和政绩考核，对优化开发区域，要强化经济结构、资源消耗、自主创新等的评价，弱化经济增长的评价；对重点开发区域，要综合评价经济增长、质量效益、工业化和城镇化水平等；对限制开发区域，要突出生态环境保护等的评价，弱化经济增长、工业化和城镇化水平的评价；对禁止开发区域，主要评价生态环境保护。

第七章

新时代区域协调发展战略的实施进展与展望

实施区域协调发展战略是新时代国家重大战略之一，是贯彻新发展理念、建设现代化经济体系的重要组成部分。中共十八大以来，以习近平同志为核心的党中央从决胜全面建成小康社会、开启全面建设社会主义现代化国家新征程的新要求以及我国区域发展的新形势出发，作出了新时代实施区域协调发展战略的重要战略部署，推进"一带一路"建设、京津冀协同发展、长江经济带发展、粤港澳大湾区建设等重大战略和西部开发、东北振兴、中部崛起、东部率先的区域发展总体战略的实施，取得显著成效，构建了连接东中西、贯通南北方的多中心、网络化、开放式的区域开发格局，促进了区域间相互融通补充，推动区域协调发展向更高水平和更高质量迈进。

第一节　新时代区域协调发展的新形势、新任务与新思路

一、谋划适应新常态的区域发展新格局

我国经济发展进入新常态，是党的十八大以来以习近平同志为核心的党中央在科学分析国内外经济发展形势、准确把握我国基本国情的基础上，针对我国经济发展的阶段性特征及其相互作用所作出的重大战略判断。2013 年 12 月，习近平在中央经济工作会议上指出，我国正处于跨越

"中等收入陷阱"并向高收入国家迈进的历史阶段,矛盾和风险比从低收入国家迈向中等收入国家时更多更复杂。我们要注重处理好经济社会发展各类问题,既防范增长速度滑出底线,又理性对待高速增长转向中高速增长的新常态。① 2014 年 5 月,习近平在河南考察时的讲话中指出,我国发展仍处于重要战略机遇期,我们要增强信心,从当前我国经济发展的阶段性特征出发,适应新常态,保持战略上的平常心态。② 2014 年 11 月 9 日,习近平在亚太经合组织工商领导人峰会开幕式上的主旨演讲中,总结了中国经济呈现出新常态的三个主要特点:从高速增长转为中高速增长;经济结构不断优化升级,第三产业、消费需求逐步成为主体,城乡区域差距逐步缩小,居民收入占比上升,发展成果惠及更广大民众;从要素驱动、投资驱动转向创新驱动。③ 2014 年 12 月 9 日,习近平在中央经济工作会议上的讲话中,从消费需求、投资需求、出口和国际收支、生产能力和产业组织方式、生产要素相对优势、市场竞争特点、资源环境约束、经济风险积累和化解、资源配置模式和宏观调控方式等 9 个方面分析了中国经济新常态的趋势性变化,指出,我国经济正在向形态更高级、分工更复杂、结构更合理的阶段演化。这些趋势性变化,既是新常态的外在特征,又是新常态的内在动因。④ 同时也强调指出我国经济发展进入新常态后,增长速度正从 10% 左右的高速增长转向 7%左右的中高速增长,经济发展方式正从规模速度型粗放增长转向质量效率型集约增长,经济结构正从增量扩能为主转向调整存量、做优增量并举的深度调整。我国经济发展进入新常态,是我国经济发展阶段性特征的必然反映,是不以人的意志为转移的。认识新常态、适应新常态、引领新常态,是当前和今后一个时期我国经济发展的大逻辑。⑤

随着经济发展速度从高速转向中高速,近年来中西部地区和东北地区经济增速超过东部地区的态势将发生变化;随着经济发展方式从规模速度

① 中共中央文献研究室:《习近平关于全面建成小康社会论述摘编》,中央文献出版社 2016 年版,第 19 页。

② 中共中央文献研究室:《习近平关于全面建成小康社会论述摘编》,中央文献出版社 2016 年版,第 22 页。

③ 中共中央文献研究室:《习近平关于全面建成小康社会论述摘编》,中央文献出版社 2016 年版,第 23 页。

④ 中共中央文献研究室:《习近平关于全面建成小康社会论述摘编》,中央文献出版社 2016 年版,第 28 页。

⑤ 中共中央文献研究室:《习近平关于全面建成小康社会论述摘编》,中央文献出版社 2016 年版,第 28-29 页。

型粗放增长转向质量效率型集约增长，经济发展动力从要素驱动、投资驱动转向创新驱动，东部地区实现创新发展，中西部地区和东北地区调整产业结构和推动经济转型面临更大压力。面临新常态下区域发展的新矛盾、新问题，需要充分发挥市场在配置资源中的决定性作用，同时加强政府的宏观调控能力，完善区域协调发展的体制机制，实施更加细化的区域发展政策，积极培育区域经济新增长极，谋划适应新常态的区域发展新格局。

首先，发挥市场在配置资源中的决定性作用，是促进新常态下区域协调发展的动力机制。长期以来我国地区间的行政壁垒较为严重，阻碍了市场作用的有效发挥。在经济新常态下，要进一步消除地区行政壁垒，构建全国统一开放、竞争有序的市场体系，积极推进区域资本、技术、人力资源、土地、信用服务市场建设，促进生产要素在区域间的顺畅流动和优化配置。其次，加强政府的宏观调控，根据不同区域发展的特点实施更加细化的区域发展政策，完善政府跨区域治理能力，加强区域分工与合作，促进区域协调发展。一是要继续深入实施区域发展总体战略，优化经济发展空间格局。在中国经济步入增长放缓的新常态下，西部大开发战略要转变思路，强化内生开发模式，政策倾斜和外部援助要融入当地的产业发展之中，进一步激发西部地区的增长潜力，增强内生发展动力。同时西部大开发还要强化深度开发模式，给予西部地区特殊的扶持政策，支持落后地区、薄弱领域的发展。在经济新常态下，东北地区等老工业基地存在的深层次体制机制和结构性矛盾凸显，经济增速持续回落，部分行业生产经营困难。东北振兴战略实施中，要努力破解老工业基地的发展难题，促进政府职能转变，激发市场活力，健全区域创新体系，推动经济转型升级，积极发展战略性新兴产业，全面提升产业竞争力。经济新常态也给中部地区带来了新的机遇和挑战，要大力实施体制机制改革，加强新型城镇化发展，为中部崛起增加内生动力；开拓国际国内市场，实施内陆开放型经济战略，为中部崛起提供外部驱动力。在经济新常态下，东部地区结构调整、创新发展面临更大挑战。要继续实施创新驱动发展战略，通过结构升级和体制创新，打造中国开放型经济升级版，发挥东部地区在全国经济结构调整和转型发展中的引领和辐射带动作用。二是在经济新常态下，要继续深化改革开放，加强顶层设计，推进政府、市场与社会组织的多元协作，打破阻碍要素自由流动的行政壁垒，减少区域之间的利益冲突，增加区域之间的利益分享，优化分工格局，鼓励各地区在互利共赢、优势互补的基础上，推动跨区域经济合作和协同发展，提高区域资源配置效率，协同解决涉及多个区域、多个行政主体的环境、生态、流域、基础设施建设、基本公共服务不均等、行政区经济等诸多问题。三是在经济新常态下，随着经济发展动力从传统增长点转向新的增长点，要积极培育新的区域经济增长极，加强海洋经济、流域经济发展，促进各类功能区有序发展，发挥其辐射示范作用，推动区域经济社会转型升级，构筑区域经济发展新动力。四是在经济新常态下，随着国内市场与国际市场的进一步打通，要统筹推进国内国际区域合作，积极参与全球经济治理，"引进来"与"走出去"结合，对内开放与对外开放并重，沿海开放和内陆沿边开放并行，创建国际竞争新优势，加快形成优势互补、分工协作、均衡协调、更高层次、更多维度、更多联动的区域开放新格局。

二、实施区域协调发展战略是贯彻新发展理念、建设现代化经济体系的重要组成部分

2015 年 10 月，中共十八届五中全会强调，实现"十三五"时期发展目标，破解发展难题，厚植发展优势，必须牢固树立并切实贯彻创新、协调、绿色、开放、共享的发展理念。这是关系中国发展全局的一场深刻变革。2017 年 10 月，中共十九大报告把坚持新发展理念作为新时代坚持和发展中国特色社会主义的基本方略之一，明确提出，发展是解决我国一切问题的基础和关键，发展必须是科学发展，必须坚定不移贯彻创新、协调、绿色、开放、共享的发展理念。中共十九大报告还首次提出了"现代化经济体系"这一概念，指出，我国经济已由高速增长阶段转向高质量发展阶段，正处在转变发展方式、优化经济结构、转换增长动力的攻关期，建设现代化经济体系是跨越关口的迫切要求和我国发展的战略目标。2018 年 1 月，习近平在中共中央政治局第三次集体学习时强调，建设现代化经济体系，这是党中央从党和国家事业全局出发，着眼于实现"两个一百年"奋斗目标、顺应中国特色社会主义进入新时代的新要求作出的重大决策部署。建设现代化经济体系是一篇大文章，既是一个重大理论命题，更是一个重大实践课题，需要从理论和实践的结合上进行深入探讨。

中共十九大报告把实施区域协调发展战略作为贯彻新发展理念、建设现代化经济体系的重要组成部分，并对实施区域协调发展战略的主要任务进行了部署：加大力度支持革命老区、民族地区、边疆地区、贫困地区加快发展，强化举措推进西部大开发形成新格局，深化改革加快东北等老工业基地振兴，发挥优势推动中部地区崛起，创新引领率先实现东部地区优化发展，建立更加有效的区域协调发展新机制。以城市群为主体构建大中小

城市和小城镇协调发展的城镇格局，加快农业转移人口市民化。以疏解北京非首都功能为“牛鼻子”推动京津冀协同发展，高起点规划、高标准建设雄安新区。以共抓大保护、不搞大开发为导向推动长江经济带发展。支持资源型地区经济转型发展。加快边疆发展，确保边疆巩固、边境安全。坚持陆海统筹，加快建设海洋强国。[①] 关于实施区域协调发展战略，习近平在中共中央政治局第三次集体学习时强调，现代化经济体系，是由社会经济活动各个环节、各个层面、各个领域的相互关系和内在联系构成的一个有机整体。要建设彰显优势、协调联动的城乡区域发展体系，实现区域良性互动、城乡融合发展、陆海统筹整体优化，培育和发挥区域比较优势，加强区域优势互补，塑造区域协调发展新格局。习近平还指出，要积极推动城乡区域协调发展，优化现代化经济体系的空间布局，实施好区域协调发展战略，推动京津冀协同发展和长江经济带发展，同时协调推进粤港澳大湾区发展。要着力发展开放型经济，提高现代化经济体系的国际竞争力，更好利用全球资源和市场，继续积极推进“一带一路”框架下的国际交流合作。

三、按照高质量发展的要求，建立更加有效的区域协调发展新机制

2017 年 12 月，习近平在中央经济工作会议上指出，中国特色社会主义进入了新时代，我国经济发展也进入了新时代。新时代我国经济发展的特征，就是我国经济已由高速增长阶段转向高质量发展阶段。推动高质量发展，是适应我国社会主要矛盾变化和全面建成小康社会、全面建设社会主义现代化国家的必然要求。我国社会主要矛盾发生了重大变化，我国经济发展阶段也在发生历史性变化，不平衡不充分的发展就是发展质量不高的表现。解决我国社会的主要矛盾，必须推动高质量发展。习近平还强调，高质量发展是体现新发展理念的发展，是创新成为第一动力、协调成为内生特点、绿色成为普遍形态、开放成为必由之路、共享成为根本目的的发展。习近平还指出，推动高质量发展是当前和今后一个时期确定发展思路、制定经济政策、实施宏观调控的根本要求，必须加快形成推动高质量发展的指标体系、政策体系、标准体系、统计体系、绩效评价、政绩考核，创建

① 《党的十九大报告辅导读本》编写组：《党的十九大报告辅导读本》，人民出版社 2017 年版，第 32 页。

和完善制度环境，推动我国经济在实现高质量发展上不断取得新进展。

2018年11月，中共中央、国务院在《关于建立更加有效的区域协调发展新机制的意见》中明确提出，要坚持新发展理念，紧扣我国社会主要矛盾变化，按照高质量发展要求，立足发挥各地区比较优势和缩小区域发展差距，围绕努力实现基本公共服务均等化、基础设施通达程度比较均衡、人民基本生活保障水平大体相当的目标，深化改革开放，坚决破除地区之间利益藩篱和政策壁垒，加快形成统筹有力、竞争有序、绿色协调、共享共赢的区域协调发展新机制，促进区域协调发展。中共中央、国务院在《关于建立更加有效的区域协调发展新机制的意见》中还提出了建立更加有效的区域协调发展新机制的基本原则：坚持市场主导与政府引导相结合。充分发挥市场在区域协调发展新机制建设中的主导作用，更好发挥政府在区域协调发展方面的引导作用，促进区域协调发展新机制有效有序运行。坚持中央统筹与地方负责相结合。加强中央对区域协调发展新机制的顶层设计，明确地方政府的实施主体责任，充分调动地方按照区域协调发展新机制推动本地区协调发展的主动性和积极性。坚持区别对待与公平竞争相结合。进一步细化区域政策尺度，针对不同地区实际制定差别化政策，同时更加注重区域一体化发展，维护全国统一市场的公平竞争，防止出现制造政策洼地、地方保护主义等问题。坚持继承完善与改革创新相结合。坚持和完善促进区域协调发展行之有效的机制，同时根据新情况新要求不断改革创新，建立更加科学、更加有效的区域协调发展新机制。坚持目标导向与问题导向相结合。瞄准实施区域协调发展战略的目标要求，破解区域协调发展机制中存在的突出问题，增强区域发展的协同性、联动性、整体性。

第二节　新时代区域协调发展战略的深入推进与成效

一、区域发展总体战略的深入实施

以习近平同志为核心的党中央深入实施西部开发、东北振兴、中部崛起、东部率先的区域发展总体战略，完善区域发展机制，创新区域发展政策，促进了区域协调发展。

第一，优先推进西部大开发。中共十八大以来，西部地区加快推进基础设施建设、生态环境保护和特色优势产业发展，着力调整经济结构和改善民生，巩固了经济社会平稳向好的发展势头。一是经济实力稳步提升。

2013—2017年，西部地区生产总值从12.7万亿元增加到17.1万亿元，年均增长8.8%，占全国的比重从19.8%提高到20.0%；全社会固定资产投资年均增长超过13%，进出口总额年均增长6.4%，占全国的比重分别从23.8%、6.1%提高到26.4%和7.5%。二是基础设施保障能力全面增强。铁路运营里程达5.4万公里，其中高速铁路7618公里。兰新铁路第二双线、兰渝铁路、西成高铁等一批重要交通干线相继投入运营。高速公路通车里程突破5万公里。民用运输机场数量达114个，占全国比重近50%。西气东输、西电东送等一批具有重要影响的能源工程相继竣工，最后一批无电人口用电问题得到有效解决。新一代信息基础设施建设顺利推进，移动互联网覆盖面不断扩大。三是特色优势产业发展壮大。一批特色产业基地逐步成形，特别是建成了一批国家重要的能源基地、资源深加工基地、装备制造业基地和战略性新兴产业基地，成为国民经济的重要支撑。各地区加快产业转型升级，比如重庆的汽车、电子信息产业，贵州的大数据、大健康、大旅游产业等蓬勃发展。四是生态文明建设成效显著。重点生态地区生态修复治理加快实施，退耕还林还草、退牧还草、天然林保护等一批重点生态工程稳步推进，在西部地区设立了37个生态文明先行示范区，生态补偿机制初步建立。2013—2017年，西部地区安排新一轮退耕还林还草3865.6万亩，面积累计达1.26亿亩，森林覆盖率进一步提高。五是人民生活水平持续提高。2017年城镇和农村居民人均可支配收入分别达到3.1万元和1.1万元，是2013年的1.38倍和1.46倍，年均增长超过10%。农村贫困人口大幅减少，西部地区贫困发生率全部下降到10%以下。

第二，全面振兴东北地区等老工业基地。为适应把握引领经济发展新常态，贯彻落实发展新理念，加快实现东北地区等老工业基地全面振兴，2016年4月，中共中央、国务院发布了《关于全面振兴东北地区等老工业基地的若干意见》。为深入推进实施关于全面振兴东北地区等老工业基地的战略部署，积极应对东北地区经济下行压力，2016年11月，国务院印发《关于深入推进实施新一轮东北振兴战略加快推动东北地区经济企稳向好若干重要举措的意见》，按照立足当前、着眼长远、标本兼治、分类施策的原则，对推动东北地区经济企稳向好提出了若干意见。实施新一轮东北振兴战略后，通过对重点企业进行大规模技术改造，东北地区装备水平显著提升，增加了一些传统优势产业的竞争力。大型水轮机组、大型风电机组、350公里高速动车组、高档数控机床等先进装备在东北率先实现国产化，其中高档数控机床产量占全国的三分之一。通过产权制度改革，东北百余家大型骨干企业实现了战略性重组，国有资本进一步向重要行业和关键领域集中。同时新一轮东北振兴战略的实施，也有效发挥了东北地区处于东北亚核心地带的区位优势，促进东北地区在加强对外经贸往来方面取得明显成效。2018 年，东北三省进出口总额达到 1791.7 亿美元，比 2003 年增长了 3.1 倍。辽宁沿海经济带、长吉图开发开放先导区、黑龙江沿边经济带开放步伐加快，大连金普新区、哈尔滨新区、长春新区、中德（沈阳）高端装备园、珲春国际合作示范区等重点开发开放平台加快建设。

第三，大力促进中部地区崛起。自中部崛起战略实施以来，中部地区经济迅速发展。2006—2018 年，中部地区生产总值年均增长 10.8%，比全国平均增速高 1.9 个百分点；地区生产总值占全国比重由 18.6%上升到 21.0%，提高了 2.4 个百分点。2018 年，中部地区生产总值增长 7.8%，固定资产投资增长 10.4%，社会消费品零售总额增长 10.0%，均居“四大板块”首位，为支撑全国经济稳定增长作出重要贡献。特别是近年来，中部地区现代装备和高技术产业进入改革开放以来最快的发展时期，实现了高速持续发展，自主创新能力和产业技术水平不断提升，打造了一批具有竞争力的产业和产品，富士康、京东方等一些大型电子信息企业在中部地区完成产业布局，产业呈现集群发展态势。同时，“三基地、一枢纽”定位准确，促进了中部崛起。中部地区粮食产量占全国粮食总产量的比重持续多年稳定在 30%左右，重要粮食生产基地地位稳固。全国能源原材料供应重点地区的地位更加巩固。山西等大型煤炭基地基本建成，风电、光伏等新能源快速发展，持续稳定保障全国能源供应。现代装备制造及高技术产业基地地位逐渐形成，新一代信息技术、新能源汽车、先进轨道交通、航空航天等重点新兴产业发展壮大。现代基础设施网络体系建设取得重大进展。通过发挥中部地区区位条件的独特优势，打造贯通南北、连接东西的现代立体交通体系和现代物流体系，建设了郑州全国性综合交通枢纽等一大批重大工程。2016 年 12 月，国务院常务会议审议通过了《促进中部地区崛起规划（2016—2025 年）》，提出了中部地区“一中心、四区”新的战略定位，即全国重要先进制造业中心、全国新型城镇化重点区、全国现代农业发展核心区、全国生态文明建设示范区、全方位开放重要支撑区。“一中心、四区”是对“三基地、一枢纽”战略定位的继承与发展。中部地区制造业在政策红利的刺激下获得空前发展，制造业总产值占全国比重从 2006 年的 12.7%提高到 2018 年的 25.0%。

第四，积极支持东部地区率先发展。改革开放后，东部地区经济发展迅速，创新能力增强，成为带动国民经济持续快速增长的核心区和增长极。2017年，东部地区生产总值占全国的比重达到52.6%，比1978年提升了9.0个百分点。从人均水平看，2017年，东部地区人均地区生产总值约为11530美元，已经接近世界银行定义的高收入国家12736美元的门槛。东部地区依托沿海优势，在对外开放中发挥了巨大作用。2017年，东部地区进出口总额为33872亿美元，比1978年增长了434.2倍，占全国比重由37.7%提高到82.5%，高居四区域之首。长三角、珠三角和京津冀三大都市经济圈成为引领我国区域经济发展的"三大引擎"。2017年，长三角、珠三角、京津冀三大城市圈的地区生产总值分别占全国的19.3%、8.9%和9.7%，三者合计占比为37.8%，在区域经济发展中发挥了重要的引领和带动作用。其中，深圳作为最早成立的经济特区之一和改革开放的"桥头堡"，地区生产总值从1979年的1.96亿元，增加到2017年的2.24万亿元，人均地区生产总值从606元增长到18.3万元。上海浦东新区作为我国东部改革开放重点地区，实现了跨越式发展，2017年地区生产总值达到9651亿元，按不变价格计算，比1993年成立之初增长了24倍。近年来，我国经济发展进入转变发展方式、优化经济结构、转换增长动力的攻坚期，东部地区通过强化科技创新能力建设、推动产学研协同创新等方式，积极推进创新发展。北京、上海全球影响力科技创新建设加速推进，重点工程和重点项目进展顺利，广东和浙江等制造业大省加快推进产业转型和传统产业升级改造。

二、"一带一路"建设的推进与成效

2013年9月和10月，习近平在出访哈萨克斯坦和印度尼西亚时先后提出了共建"丝绸之路经济带"和"21世纪海上丝绸之路"的重大倡议。2015年3月，中国发布《推动共建丝绸之路经济带和21世纪海上丝绸之路的愿景与行动》。2017年5月，首届"一带一路"国际合作高峰论坛在北京成功召开。2018年8月，习近平在北京主持召开推进"一带一路"建设工作5周年座谈会，提出"一带一路"建设要从谋篇布局的"大写意"转入精耕细作的"工笔画"，向高质量发展转变，造福沿线国家人民，推动构建人类命运共同体。2013年以来，共建"一带一路"倡议以政策沟通、设施联通、贸易畅通、资金融通和民心相通为主要内容扎实推进，取得明显成效。

在政策沟通方面，共建"一带一路"倡议及其核心理念已写入联合国、二十国集团、亚太经合组织以及其他区域组织等有关文件中。签署共建

"一带一路"政府间合作文件的国家和国际组织数量逐年增加。共建"一带一路"专业领域对接合作有序推进。中国发布《标准联通共建"一带一路"行动计划(2018—2020年)》,中国已与49个国家和地区签署85份标准化合作协议。

在设施联通方面,一是国际经济合作走廊和通道建设取得明显进展。新亚欧大陆桥、中蒙俄、中国一中亚一西亚、中国一中南半岛、中巴和孟中印缅等六大国际经济合作走廊将亚洲经济圈与欧洲经济圈联系在一起,为建立和加强各国互联互通伙伴关系,构建高效畅通的亚欧大市场发挥了重要作用。二是基础设施互联互通水平大幅提升。铁路合作方面,以中老铁路、中泰铁路、匈塞铁路、雅万高铁等合作项目为重点的区际、洲际铁路网络建设取得重大进展。公路合作方面,中蒙俄、中吉乌、中俄(大连一新西伯利亚)、中越国际道路直达运输试运行活动先后成功举办。中国与15个沿线国家签署了包括《上海合作组织成员国政府间国际道路运输便利化协定》在内的18个双多边国际运输便利化协定。港口合作方面,巴基斯坦瓜达尔港开通集装箱定期班轮航线,起步区配套设施已完工,吸引30多家企业入园。斯里兰卡汉班托塔港经济特区已完成园区产业定位、概念规划等前期工作。阿联酋哈利法港二期集装箱码头已于2018年12月正式开港。中国与47个沿线国家签署了38个双边和区域海运协定。航空运输方面,中国与126个国家和地区签署了双边政府间航空运输协定。中国与沿线国家新增国际航线1239条,占新开通国际航线总量的69.1%。能源设施建设方面,中国与沿线国家签署了一系列合作框架协议和谅解备忘录,在电力、油气、核电、新能源、煤炭等领域开展了广泛合作,与相关国家共同维护油气管网安全运营,促进国家和地区之间的能源资源优化配置。通信设施建设方面,中缅、中巴、中吉、中俄跨境光缆信息通道建设取得明显进展。中国与国际电信联盟签署《关于加强"一带一路"框架下电信和信息网络领域合作的意向书》。与吉尔吉斯斯坦、塔吉克斯坦、阿富汗签署丝路光缆合作协议,实质性启动了丝路光缆项目。

在贸易畅通方面,一是贸易与投资自由化便利化水平的提升。中国发起《推进"一带一路"贸易畅通合作倡议》,83个国家和国际组织积极参与。中国进一步放宽外资准入领域,营造高标准的国际营商环境,设立了面向全球开放的12个自由贸易试验区,并探索建设自由贸易港,吸引沿线国家来华投资。中国平均关税水平从加入世界贸易组织时的15.3%降至7.5%。二是贸易规模的扩大。2013—2018年,中国与沿线国家货物贸易进出口总额超过6万亿美元，年均增长率高于同期中国对外贸易增速，占中国货物贸易总额的比重达到27.4%。三是贸易方式的创新。2018年，通过中国海关跨境电子商务管理平台零售进出口商品总额达203亿美元，同比增长50%，其中出口84.8亿美元，同比增长67.0%，进口118.7亿美元，同比增长39.8%。

在资金融通方面，丝路基金与欧洲投资基金共同投资的中欧共同投资基金于2018年7月开始实质性运作，投资规模5亿欧元，有力促进了共建"一带一路"倡议与欧洲投资计划相对接。中国财政部与阿根廷、俄罗斯、印度尼西亚、英国、新加坡等27国财政部核准了《"一带一路"融资指导原则》。中国人民银行与世界银行集团下属的国际金融公司、泛美开发银行、非洲开发银行和欧洲复兴开发银行等多边开发机构开展联合融资，截至2018年年底已累计投资100多个项目，覆盖70多个国家和地区。中国银行、中国工商银行、中国农业银行、中国建设银行等中资银行与沿线国家建立了广泛的代理行关系。中国不断提高银行间债券市场对外开放程度，截至2018年年底，熊猫债发行规模已达2000亿元(人民币)左右。中国进出口银行面向全球投资者发行20亿元(人民币)"债券通"绿色金融债券，金砖国家新开发银行发行首单30亿元(人民币)绿色金融债，支持绿色丝绸之路建设。已有11家中资银行在28个沿线国家设立76家一级机构，来自22个沿线国家的50家银行在中国设立7家法人银行、19家外国银行分行和34家代表处。

在民心相通方面，中国与沿线国家互办艺术节、电影节、音乐节、文物展、图书展等活动，合作开展图书广播影视精品创作和互译互播。丝绸之路国际剧院、博物馆、艺术节、图书馆、美术馆联盟相继成立。中国设立"丝绸之路"中国政府奖学金项目，与24个沿线国家签署高等教育学历学位互认协议。中国与多个国家共同举办旅游年，创办丝绸之路旅游市场推广联盟、海上丝绸之路旅游推广联盟、"万里茶道"国际旅游联盟等旅游合作机制。中国与蒙古、阿富汗等国，世界卫生组织等国际组织，比尔及梅琳达·盖茨基金会等非政府组织相继签署了56个推动卫生健康合作的协议。首届"一带一路"国际合作高峰论坛以来，中国向沿线发展中国家提供20亿元(人民币)紧急粮食援助，向南南合作援助基金增资10亿美元，在沿线国家实施了100个"幸福家园"、100个"爱心助困"、100个"康复助医"等项目。

在产业合作方面，一是中国对沿线国家的直接投资平稳增长。2013—

2018年，中国企业对沿线国家直接投资超过900亿美元，在沿线国家完成对外承包工程营业额超过4000亿美元。二是国际产能合作和第三方市场合作稳步推进。目前中国已同哈萨克斯坦、埃及、埃塞俄比亚、巴西等40多个国家签署了产能合作文件，同东盟、非盟、拉美和加勒比国家共同体等区域组织进行合作对接，开展机制化产能合作。中国与法国、意大利、西班牙、日本、葡萄牙等国签署了第三方市场合作文件。三是合作园区蓬勃发展。中国各类企业遵循市场化法治化原则自主赴沿线国家共建合作园区，推动这些国家借鉴中国改革开放以来通过各类开发区、工业园区实现经济增长的经验和做法，促进当地经济发展，为沿线国家创造了新的税收源和就业渠道。

三、京津冀协同发展战略的推进与成效

京津冀同属京畿重地，战略地位十分重要，是我国经济最具活力、开放程度最高、创新能力最强、吸纳人口最多的地区之一，也是拉动我国经济发展的重要引擎。但区域发展面临诸多困难和问题，主要体现在：北京聚集过多的非首都功能，区域水资源严重短缺，环境污染问题突出，功能布局不够合理，城镇体系结构失衡，区域发展差距悬殊。

2013年，习近平先后到天津、河北调研，强调要推动京津冀协同发展。2014年2月26日，习近平在北京考察工作时发表重要讲话，全面深刻阐述了京津冀协同发展战略的重大意义、推进思路和重点任务。2015年4月30日，中共中央政治局审议通过的《京津冀协同发展规划纲要》指出，推动京津冀协同发展是一项重大国家战略，核心是有序疏解北京非首都功能，要在京津冀交通一体化、生态环境保护、产业升级转移等重点领域率先取得突破。《京津冀协同发展规划纲要》还对京津冀三地的功能定位和发展目标进行了部署：北京市定位为全国政治中心、文化中心、国际交往中心、科技创新中心。天津市定位为全国先进制造研发基地、北方国际航运核心区、金融创新运营示范区、改革开放先行区。河北省定位为全国现代商贸物流重要基地、产业转型升级试验区、新型城镇化与城乡统筹示范区、京津冀生态环境支撑区。中共十八大以来，京津冀三地深入贯彻落实协同发展战略部署，同心协力打造区域发展新格局，在非首都功能疏解、产业升级转移、交通一体化、生态环境保护等领域不断取得突破，区域整体实力和竞争力明显增强。

第一，经济发展水平稳步提升。从经济规模看，2018年，京津冀地区生

产总值为85139.9亿元，与2014年相比，按可比价格计算，年均增长6.6%。其中，北京地区生产总值达到30320.0亿元，年均增长6.7%；天津达到18809.6亿元，年均增长6.4%；河北达到36010.3亿元，年均增长6.7%。从城镇化水平看，2018年京津冀地区城镇化率为65.8%，比2014年提高4.7个百分点。其中，河北城镇化率在2015年超过50%，2018年为56.4%，比2014年提高7.1个百分点；北京、天津分别达到86.5%和83.2%，比2014年分别提高0.1个和0.9个百分点。从居民收入看，2018年，京津冀三地全体居民人均可支配收入分别为62361元、39506元、23446元，与2014年相比，年均增长率分别为8.8%、8.2%和8.9%。

第二，非首都功能疏解取得成效。在疏解存量方面，北京市疏解一般制造业企业累计达到2648家，公共资源疏解稳步推进，北京建筑大学、北京信息科技大学、北京城市学院等高校新校区累计入驻师生超过3万人；天坛医院新院区实现运行，老院区搬迁腾退。在控制增量方面，截至2018年年底，北京市不予办理工商登记业务累计超过2万件。同时，支持符合首都城市战略定位的产业主体快速发展，2018年，北京市科学研究和技术服务业、文化体育娱乐业以及信息传输、软件和信息技术服务业占全部新设市场主体比重为50.5%，比2013年提高25.4个百分点。

第三，河北雄安新区建设取得进展和成效。2016年5月，中共中央政治局会议审议了《关于规划建设北京城市副中心和研究设立河北雄安新区的有关情况的汇报》。2017年2月，习近平专程到河北省安新县进行实地考察，主持召开河北雄安新区规划建设工作座谈会。2017年4月，中共中央、国务院印发通知，决定设立河北雄安新区。新区规划范围涵盖河北省雄县、容城、安新等3个小县及周边部分区域。2017年6月，中国共产党河北雄安新区工作委员会、河北雄安新区管理委员会获批设立。2018年4月，中共中央、国务院批复《河北雄安新区规划纲要》，指出，《河北雄安新区规划纲要》紧扣新时代我国社会主要矛盾变化，按照高质量发展要求，紧紧围绕统筹推进“五位一体”总体布局和协调推进“四个全面”战略布局，着眼建设北京非首都功能疏解集中承载地，创造“雄安质量”和成为推动高质量发展的全国样板，建设现代化经济体系的新引擎，坚持世界眼光、国际标准、中国特色、高点定位，坚持生态优先、绿色发展，坚持以人民为中心、注重保障和改善民生，坚持保护弘扬中华优秀传统文化、延续历史文脉，符合中共中央、国务院对雄安新区的战略定位和发展要求，对于高起点规划、高标准建设雄安新区具有重要意义。2018年12月，国务院正式批复《河北雄安新区总体规划(2018—2035 年)》。规划建设以来,高标准高质量建设雄安新区取得明显成效,雄安新区规划的顶层设计已经基本完成。"1+4+26"高质量规划体系基本形成("1",即雄安新区规划纲要;"4",即雄安新区总体规划、起步区控制性规划、启动区控制性详细规划、白洋淀生态环境治理和保护规划;"26",即 10 个重点专项规划和 16 个一般专项规划)。重点组团和片区规划深入推进。特色小镇和美丽乡村规划扎实开展。在生态环境保护方面,白洋淀水环境质量持续改善,主要污染物实现"双下降",白洋淀湖心区水质稳定达到Ⅳ类。2018 年雄安新区对白洋淀进行了 4 次补水,截至 2018 年 12 月底,白洋淀实时面积 309 平方公里。雄安新区设立至今已累计造林 17 万亩,栽植苗木超 1200 万株。在服务民生方面,雄安新区致力于优化公共服务,积极引进京津优质教育医疗资源,研究制定了养老保险、医疗保障、社会救助、教育体系等系列政策措施,实施了一批医疗、教育、交通等民生项目;致力于解决群众现实问题,深入开展"双创双服"和万人培训、万人就业"双万"工程,多渠道开发就业岗位,累计投入资金 5000 余万元,培训劳动力 40 万人次;致力于科学管控,构建了精准化、差别化、人性化的管控长效机制,有序推进征迁安置工作;致力于建设有文化传承的城市,开展"记得住乡愁"系列活动。

第四,北京城市副中心建设取得进展和成效。2016 年 3 月,习近平在中共中央政治局常委会会议上指出,北京正面临一次历史性抉择,从"摊大饼"转向在北京中心城区之外,规划建设北京城市副中心和集中承载地,将形成北京新的"两翼",也是京津冀区域新的增长极。2016 年 5 月,习近平在中共中央政治局会议上指出,规划建设北京城市副中心,疏解北京非首都功能、推动京津冀协同发展是历史性工程,必须一件一件事去做,一茬接一茬地干,发扬"工匠"精神,精心推进,不留历史遗憾。要坚持先规划后建设的原则,把握好城市定位,把每一寸土地都规划得清清楚楚后再开工建设。2017 年 2 月,习近平在视察北京城市副中心建设时作出重要指示。习近平指出,站在当前这个时间节点建设北京城市副中心,要有 21 世纪的眼光,规划、建设、管理都要坚持高起点、高标准、高水平,落实世界眼光、国际标准、中国特色、高点定位的要求。要加强主要功能区块、主要景观、主要建筑物的设计,体现城市精神,展现城市特色,提升城市魅力。2017 年 9 月,中共中央、国务院批复的《北京城市总体规划(2016 年—2035 年)》,要求高水平规划建设北京城市副中心,规划提出将北京城市副中心建设成为国际一流的和谐宜居之都示范区、新型城镇化示范区、京津冀区域协同发展示范区。2018 年 6 月，北京市规划国土委、通州区政府完成了《北京城市副中心控制性详细规划（街区层面）》（草案）的编制。规划提出到 2035 年，北京初步建成国际一流的和谐宜居现代化城区，成为低碳高效的绿色城市、蓝绿交织的森林城市、自然生态的海绵城市、智能融合的智慧城市、古今同辉的人文城市、公平普惠的宜居城市。几年来，北京在城市副中心建设和管理方面已取得阶段性重大成果。在副中心建设方面，北京市委市政府集中力量，共安排城市副中心重大工程近 500 项，投资超过 2000 亿元，副中心基础设施、生态环境和公共服务水平加速提升，城市框架逐步拉开，行政办公区、环球主题公园、城市绿心等重要功能节点加快建设。同时，推进城乡统筹、新老融合，加快老城区更新改造。在副中心管理方面，抓住疏解非首都功能这个“牛鼻子”，坚定有序开展疏解整治促提升，纵深推进违法建设拆除、有形商品交易市场疏解提升、背街小巷综合整治等一系列专项行动，同时开展交通拥堵治理，依托智慧城市建设，提升城市精细化管理水平，加快构建了城市共建、共治、共享的格局。

第五，产业结构优化升级和优势产业发展取得明显成效。在产业结构优化升级方面，京津冀三次产业构成比由 2014 年的 5.2∶41.3∶53.5 调整为 2018 年的 4.3∶34.4∶61.3，第三产业比重提高 7.8 个百分点。其中，北京第三产业比重 2018 年达 81.0％，比 2014 年提高 3 个百分点；天津第三产业比重在 2015 年超过第二产业，2018 年为 58.6％，比 2014 年提高 9.3 个百分点；河北 2018 年第三产业比重为 46.2％，首次超过第二产业，比 2014 年提高了 8.7 个百分点。在优势产业发展方面，北京产业高端化趋势明显。2018 年，高技术产业和战略性新兴产业增加值占全市地区生产总值的比重分别为 23.0％和 16.1％（二者有交叉），比 2014 年分别提高 1.2个和 1.5 个百分点。工业中，汽车、电子、医药等支柱行业，增加值占规模以上工业的 36.4％，比 2014 年提高 1.2 个百分点；服务业中，金融、信息服务、科技服务等优势产业地位日益加强，2018 年三个行业增加值合计占全市地区生产总值的比重为 40.1％，比 2014 年提高 5.9 个百分点。天津转型升级步伐不断加快。2018 年，规模以上工业中，高技术制造业和战略性新兴产业增加值增速分别为 4.4％和 3.1％，分别快于全市工业平均水平 2.0 个和 0.7 个百分点。现代服务业支撑作用增强，金融、科技服务、信息服务、商务租赁等资本技术密集型行业增加值占服务业比重为 41.7％，比 2014 年提高 4.9 个百分点。河北大力发展先进制造业和高技术产业，推动产业向中高端迈进。2018 年，全省装备制造业增加值比上年增长

8.3%，对全省规模以上工业增长的贡献率为34.6%，居七大主要行业之首。高新技术产业增加值占规模以上工业增加值的比重为19.5%，比2014年提高6.4个百分点。

第六，交通领域取得长足进展。在交通建设方面，三地积极推动建设以轨道交通为骨干的多节点、网格状、全覆盖的交通网络，促成一批重大交通项目落实落地，运输能力和服务现代化水平不断提升。京昆高速、京台高速、京开高速拓宽工程、京秦高速、首都地区环线（通州—大兴段）、延崇高速平原段相继建成通车，市域内国家高速公路"断头路"全面消除；新机场高速、新机场北线高速等加快建设。天津津雄城际纳入国家规划，京滨城际、京唐城际铁路加快建设，天津至北京新机场联络线前期工作提速推进，京秦高速津保铁路投入运营；河北唐曹铁路、太行山高速，京秦高速京冀、冀津接线段，曲港高速曲阳至肃宁段正式通车运营。2018年，三地公路里程合计为23.1万公里，比2014年增加1.4万公里，其中高速公路里程9657.4公里，比2014年增加1674.5公里。在交通互联互通方面，2018年，三地铁路客运量为3.2亿人次，比2014年增加0.6亿人次；货运量为32.8亿吨，比2014年增加3.6亿吨。"交通一卡通"在京津冀城市公共交通领域实现互联互通，发卡数量累计超过180万张；北京累计开通去往津冀的公交线路41条，线路总长2826.2公里，日均客运量超过40万人次；京津城际推出"同城优惠卡"，2014—2018年，客运量累计达2亿多人次。

第七，生态治理扎实推进。在空气治理方面，京津冀三地合力推进压减燃煤、控车节油、清洁能源改造等减排措施，大气环境质量明显改善。2018年，京津冀区域$PM_{2.5}$平均浓度55微克/米^3，比2014年下降40.9%。其中，北京、天津和河北$PM_{2.5}$平均浓度分别为51微克/米^3、52微克/米^{3}和56微克/米^3，与2014年相比分别下降40.6%、37.3%和41.1%。在水环境保护方面，扎实推进水污染防治工作，京冀、津冀分别共同签署《密云水库上游潮白河流域水源涵养区横向生态保护补偿协议》和《关于引滦入津上下游横向生态补偿的协议》，区域水质状况逐步改善。2018年，北京、天津、河北优良水体比例分别为56%、40%和54%，比2014年分别提高32个、15个和8个百分点。在提效降耗方面，京津冀三地通过深化供给侧结构性改革、结构升级和新旧动能转换、提高清洁能源使用比例等措施，加快淘汰落后产能，促进绿色低碳产业发展，进一步提升资源能源使用效率。2018年，北京、天津、河北单位生产总值能耗分别比2014年下降17.5%、21.5%和19.1%。

四、长江经济带发展战略的推进与成效

长江经济带覆盖上海、江苏、浙江、安徽、江西、湖北、湖南、重庆、四川、云南、贵州等 11 个省市，面积约 205.23 万平方公里，占全国的 21.4%，人口和生产总值均超过全国的 40%。推动长江经济带发展，是以习近平同志为核心的党中央作出的重大决策，是关系国家发展全局的重大战略，对实现“两个一百年”奋斗目标、实现中华民族伟大复兴的中国梦具有重要意义。2014 年 9 月，国务院印发了《关于依托黄金水道推动长江经济带发展的指导意见》，对长江经济带发展建设提出了总体要求，指出长江经济带的发展目标是要把长江经济带建设成为具有全球影响力的内河经济带、东中西互动合作的协调发展带、沿海沿江沿边全面推进的对内对外开放带、生态文明建设的先行示范带，到 2022 年成为中国经济新支撑带。2014 年 12 月，中共中央成立推动长江经济带发展领导小组。2016 年 1 月，习近平在重庆主持召开推动长江经济带发展座谈会并发表重要讲话，强调推动长江经济带发展必须从中华民族长远利益考虑，走生态优先、绿色发展之路，把修复长江生态环境摆在压倒性位置，共抓大保护、不搞大开发。2016 年 5 月，中共中央、国务院印发《长江经济带发展规划纲要》，提出要将长江经济带打造成为生态文明建设的先行示范带、引领全国转型发展的创新驱动带、具有全球影响力的内河经济带、东中西互动合作的协调发展带，确立了长江经济带“一轴、两翼、三极、多点”的发展新格局。2018 年 4 月，习近平在武汉主持召开深入推动长江经济带发展座谈会并发表重要讲话，强调指出新形势下推动长江经济带发展，关键是要正确把握整体推进和重点突破、生态环境保护和经济发展、总体谋划和久久为功、破除旧动能和培育新动能、自身发展和协同发展等五个关系，坚持新发展理念，坚持稳中求进工作总基调，坚持共抓大保护、不搞大开发，探索出一条生态优先、绿色发展新路子，使长江经济带成为引领我国经济高质量发展的生力军。

中共十八大以来，沿江 11 个省市按照党中央和国务院的决策部署，坚持共抓大保护、不搞大开发，坚持生态优先、绿色发展，以生态引领发展、以改革激发活力、以创新增强动力，推动长江经济带发展取得积极进展。一是长江水环境质量持续改善。划定生态保护红线面积 54.42 万平方公里，占沿江 11 个省市土地面积的 25.47%。大力实施水污染治理、水生态修复、水资源保护“三水共治”，集中开展了“共抓大保护”突出问题整改等 7 个专项行动，部署推进城镇污水垃圾处理、化工污染治理、船舶污染治理、

农业面源污染治理和尾矿库治理"4+1"工程，大力构建源头控污、系统截污、全面治污三位一体的长江经济带水污染治理体系。2018年，长江经济带优良水质（Ⅰ—Ⅲ类）比例为79.3%，比2017年提高5.4个百分点；劣Ⅴ类水质比例为1.9%，比2017年下降1.1个百分点。二是黄金水道功能初步显现。长江南京以下12.5米深水航道主体工程完工，中游荆江河段航道整治工程竣工验收。三峡升船机建设完工并投入试通航，三峡船闸货物通过量连续5年破亿吨。沪昆高铁全线建成运行，武九、西成高铁和兰渝铁路开通运行，沪蓉、沪渝、沪昆、杭瑞高速公路全线贯通。通关一体化改革实现口岸、运输方式、商品全覆盖，海关直接放行报关单量达85%以上。三是发展质量和效益稳步提升。沿江11个省市共培育国家级众创空间超过500家、创新型企业近300家，成为引领区域创新发展的重要载体和引擎。在上海、浙江、湖北、重庆、四川设立5个自贸试验区，对外开放水平明显提升。长江经济带地区生产总值占全国的比重持续提高，2016年、2017年、2018年的占比分别为43.2%、43.7%、44.1%。

五、粤港澳大湾区建设的推进与成效

粤港澳大湾区包括香港特别行政区、澳门特别行政区和广东省广州市、深圳市、珠海市、佛山市、惠州市、东莞市、中山市、江门市、肇庆市，总面积5.6万平方公里，是我国开放程度最高、经济活力最强的区域之一，在国家发展大局中具有重要战略地位。打造粤港澳大湾区，建设世界级城市群，有利于丰富"一国两制"实践内涵，进一步密切内地与港澳交流合作，为港澳经济社会发展以及港澳同胞到内地发展提供更多机会，保持港澳长期繁荣稳定；有利于贯彻落实新发展理念，深入推进供给侧结构性改革，加快培育发展新动能、实现创新驱动发展，为我国经济创新力和竞争力不断增强提供支撑；有利于进一步深化改革、扩大开放，建立与国际接轨的开放型经济新体制，建设高水平参与国际经济合作新平台；有利于推进"一带一路"建设，通过区域双向开放，构筑丝绸之路经济带和21世纪海上丝绸之路对接融汇的重要支撑区。

2016年3月，《国民经济和社会发展第十三个五年规划纲要》明确提出，支持港澳在泛珠三角区域合作中发挥重要作用，推动粤港澳大湾区和跨省区重大合作平台建设。同月，国务院印发《关于深化泛珠三角区域合作的指导意见》，明确要求广州、深圳携手港澳，共同打造粤港澳大湾区，建设世界级城市群。2017年3月，李克强在第十二届全国人民代表大会第五次会议上作政府工作报告时明确提出，要推动内地与港澳深化合作，研究制定粤港澳大湾区城市群发展规划，发挥港澳独特优势，提升在国家经济发展和对外开放中的地位与功能。2017 年 7 月，《深化粤港澳合作　推进大湾区建设框架协议》在香港签署。2017 年 10 月，中共十九大报告中明确提出，要支持香港、澳门融入国家发展大局，以粤港澳大湾区建设、粤港澳合作、泛珠三角区域合作等为重点，全面推进内地同香港、澳门互利合作，制定完善便利香港、澳门居民在内地发展的政策措施。2017 年 12 月，习近平在中央经济工作会议上指出，粤港澳大湾区建设要科学规划，加快建立协调机制。2018 年 3 月，习近平在参加广东代表团审议时指出，要抓住建设粤港澳大湾区重大机遇，携手港澳加快推进相关工作，打造国际一流湾区和世界级城市群。2018 年 5 月 4 日，成立广东粤澳合作发展基金并启动运营。2018 年 5 月 24 日，《进一步深化中国(广东)自由贸易试验区改革开放方案》获国家批准，获批 40 项改革自主权，外资负面清单缩减至 45 条，在全省推广 91 条改革创新经验，在法律服务、金融支付等领域与香港服务业规则对接取得突破。2018 年 5 月 10 日和 5 月 31 日，习近平先后主持召开中共中央政治局常委会会议和中共中央政治局会议，对《粤港澳大湾区发展规划纲要》进行审议。关于粤港澳大湾区发展的战略定位，《粤港澳大湾区发展规划纲要》指出，要把粤港澳大湾区建设成为充满活力的世界级城市群、具有全球影响力的国际科技创新中心、“一带一路”建设的重要支撑、内地与港澳深度合作示范区、宜居宜业宜游的优质生活圈。《粤港澳大湾区发展规划纲要》还提出了粤港澳大湾区建设的发展目标，即到 2022 年，粤港澳大湾区综合实力显著增强，粤港澳合作更加深入广泛，区域内生发展动力进一步提升，发展活力充沛、创新能力突出、产业结构优化、要素流动顺畅、生态环境优美的国际一流湾区和世界级城市群框架基本形成。到 2035 年，大湾区形成以创新为主要支撑的经济体系和发展模式，经济实力、科技实力大幅跃升，国际竞争力、影响力进一步增强；大湾区内市场高水平互联互通基本实现，各类资源要素高效便捷流动；区域发展协调性显著增强，对周边地区的引领带动能力进一步提升；人民生活更加富裕；社会文明程度达到新高度，文化软实力显著增强，中华文化影响更加广泛深入，多元文化进一步交流融合；资源节约集约利用水平显著提高，生态环境得到有效保护，宜居宜业宜游的国际一流湾区全面建成。2018 年 9 月 1 日起，港澳居民可以在内地申请港澳居民居住证。现有近 10 万香港居民、近 2 万澳门居民申领了港澳居民居住证。2018 年 9 月 22 日，广深港高铁香港段顺利开通运营。2018 年 10 月 23 日，港珠澳大桥正式开通。2018 年 11 月，中共中央、国务院在《关于建立更加有效的区域协调发展新机制的意见》中明确指出，以香港、澳门、广州、深圳为中心引领粤港澳大湾区建设，带动珠江—西江经济带创新绿色发展。

第三节　新时代促进区域协调发展向更高水平和更高质量迈进的展望

一、按照高质量发展的要求推进区域发展总体战略的实施

第一，强化举措推进西部大开发形成新格局。要从中华民族长远利益考虑，把生态环境保护放到重要位置，坚持走生态优先、绿色发展的新路子；发挥共建“一带一路”的引领带动作用，加快建设内外通道和区域性枢纽，完善基础设施网络，提高对外开放和外向型经济发展水平；推动高质量发展，贯彻落实新发展理念，深化供给侧结构性改革，支持西部地区加强科技创新，拓展发展新空间，加快新旧动能转换，促进西部地区经济社会发展与人口、资源、环境相协调。第二，深化改革加快东北等老工业基地振兴。要全面推进行政管理体制改革、深化国有企业改革、加快民营经济发展。东北三省要全面对标国内先进地区，加快转变政府职能，进一步推进简政放权、放管结合、优化服务改革；深化国有企业改革，真正确立国有企业的市场主体地位，增强市场竞争力；加快民营经济发展，开展民营经济发展改革示范，重点培育有利于民营经济发展的政策环境、市场环境、金融环境、创新环境、法治环境等，增强民营企业发展信心。东北地区还要提高智能制造、绿色制造、精益制造和服务型制造能力，积极开拓重大装备国际市场，推动国际产能和装备制造合作，加快传统产业转型升级，推进创新转型。要支持信息产业发展和信息基础设施建设，发展基于“互联网＋”的新产业新业态，大力培育新动能。第三，发挥优势推动中部地区崛起。要严格保护重点生态功能区和农产品主产区，打造网络化开放格局，扶持特殊困难地区加快发展，规范发展区域功能性平台，优化空间结构；推进供给侧结构性改革，深化重点领域和关键环节改革，实施创新驱动发展战略，推动大众创业万众创新，培育区域发展新动能；推动制造业提升改造，发展战略性新兴产业，促进产业集群化发展，加快发展现代服务业，建设现代产业新体系；巩固提升全国粮食生产基地地位，推进农村一、二、三产业融合发展，

提高农业科技支撑水平，构建新型农业经营体系，开创现代农业发展新局面；强化综合交通运输枢纽地位，提高能源保障水平，加强水利基础设施建设，构建新一代信息基础设施，构筑现代基础设施新网络；筑牢生态安全屏障，加大环境治理力度，加强重点流域治理，节约集约利用资源；加快融入重大国家战略，全面推进双向开放，深化区域内部合作，塑造区域竞争新优势。第四，创新引领率先实现东部地区优化发展。要率先实现产业优化升级，引领新兴产业和现代服务业发展，打造全球先进制造业基地；充分利用和拓展创新要素集聚的特殊优势，打造具有国际影响力的创新高地；率先建立全方位开放型经济体系，更高层次参与国际经济合作和竞争，增创扩大开放新优势。要加快东部地区城市群发展，深化改革力度，构建城市群内多向支撑的创新空间载体，培育特色性的创新单元，促进城市群结构重组与要素配置的效率的提高，整体提升区域一体化的发展质量。

二、按照高质量发展的要求推进国家重大区域战略的深入实施和融合发展

首先，要按照高质量发展的要求推进国家重大区域战略的深入实施。第一，要以疏解北京非首都功能为“牛鼻子”推动京津冀协同发展。要推进京津冀区域交通、生态、产业三个重点领域率先突破，构建一体化现代交通网络，扩大生态空间和环境容量，优化产业布局。要加快北京城市副中心建设，优化空间格局和功能定位；坚持“世界眼光、国际标准、中国特色、高点定位”的理念，高起点规划、高标准建设雄安新区。第二，以共抓大保护、不搞大开发为导向推动长江经济带发展。要坚持生态优先，从生态系统整体性和长江流域系统性着眼，统筹山水林田湖草等生态要素，全面做好长江生态环境保护修复工作，逐步解决长江生态环境透支问题。要正确把握生态环境保护和经济发展的关系，积极探索推广绿水青山转化为金山银山的路径，选择具备条件的地区开展生态产品价值实现机制试点，探索政府主导、企业和社会各界参与、市场化运作、可持续的生态产品价值实现路径，探索协同推进生态优先和绿色发展的新路子。要坚持质量第一、效益优先的要求，加快建设实体经济、科技创新、现代金融、人力资源协同发展的产业体系，构建市场机制有效、微观主体有活力、宏观调控有度的经济体制，推动长江经济带高质量发展。第三，以“一带一路”建设为重点，实行更加积极主动的开放战略，推动构建互利共赢的国际区域合作新机制。充分发挥“一带一路”国际合作高峰论坛、上海合作组织、中非合作论坛、中俄东

北-远东合作、长江-伏尔加河合作、中国-东盟合作、东盟与中日韩合作、中日韩合作、澜沧江-湄公河合作、图们江地区开发合作等国际区域合作机制作用,加强区域、次区域合作。支持沿边地区利用国际合作平台,积极主动开展国际区域合作。推进重点开发开放试验区建设,支持边境经济合作区发展,稳步建设跨境经济合作区,更好发挥境外产能合作园区、经贸合作区的带动作用。第四,要按照建设富有活力和国际竞争力的一流湾区和世界级城市群,打造高质量发展的典范的要求,推进粤港澳大湾区建设。要实施创新驱动发展战略,完善区域协同创新体系,集聚国际创新资源,建设具有国际竞争力的创新发展区域。全面深化改革,推动重点领域和关键环节改革取得新突破,释放改革红利,促进各类要素在大湾区便捷流动和优化配置;实施区域协调发展战略,充分发挥各地区比较优势,加强政策协调和规划衔接,优化区域功能布局,推动区域城乡协调发展,不断增强发展的整体性;树立绿色发展理念,坚持节约资源和保护环境的基本国策,实行最严格的生态环境保护制度,推动形成绿色低碳的生产生活方式和城市建设运营模式,促进大湾区可持续发展;以"一带一路"建设为重点,构建开放型经济新体制,打造高水平开放平台,对接高标准贸易投资规则,加快培育国际合作和竞争新优势。充分发挥港澳独特优势,创新完善各领域开放合作体制机制,深化内地与港澳互利合作;把坚持"一国"原则和尊重"两制"差异有机结合起来,把国家所需和港澳所长有机结合起来,充分发挥市场化机制的作用,促进粤港澳优势互补,实现共同发展。

其次,要以"一带一路"建设、京津冀协同发展、长江经济带发展、粤港澳大湾区建设等重大战略为引领,以西部、东北、中部、东部四大板块为基础,推动国家重大区域战略融合发展,促进区域间相互融通补充。一是加强"一带一路"建设、京津冀协同发展、长江经济带发展、粤港澳大湾区建设等重大战略的协调对接,推动各区域合作联动。二是以"一带一路"建设助推沿海、内陆、沿边地区协同开放,构建统筹国内国际、协调国内东中西和南北方的区域发展新格局。三是调整区域经济结构和空间结构,以疏解北京非首都功能为"牛鼻子"推动京津冀协同发展,探索超大城市、特大城市等人口经济密集地区有序疏解功能、有效治理"大城市病"的优化开发模式。四是以共抓大保护、不搞大开发为导向,以生态优先、绿色发展为引领,充分发挥长江经济带横跨东中西三大板块的区位优势,依托长江黄金水道,推动长江上中下游地区协调发展和沿江地区高质量发展。五是建立以中心城市引领城市群发展、城市群带动区域发展新模式,推动区域板块之间融合互动发展。以北京、天津为中心引领京津冀城市群发展，带动环渤海地区协同发展；以上海为中心引领长三角城市群发展，带动长江经济带发展；以香港、澳门、广州、深圳为中心引领粤港澳大湾区建设，带动珠江—西江经济带创新绿色发展；以重庆、成都、武汉、郑州、西安等为中心，引领成渝、长江中游、中原、关中平原等城市群发展，带动相关板块融合发展。

三、按照高质量发展的要求推进区域协调发展新机制建设

第一，健全市场一体化发展机制。实施全国统一的市场准入负面清单制度，消除歧视性、隐蔽性的区域市场准入限制。实施公平竞争审查制度，消除区域市场壁垒，打破行政性垄断，优化营商环境，激发市场活力，促进区域间要素自由流动。按照建设统一、开放、竞争、有序的市场体系要求，推动京津冀、长江经济带、粤港澳等区域市场建设，加快探索建立规划制度统一、发展模式共推、治理方式一致、区域市场联动的区域市场一体化发展新机制，促进形成全国统一大市场。第二，深化区域合作机制。提升京津冀地区、长江经济带、粤港澳大湾区等合作的层次和水平。鼓励企业组建跨地区和跨行业的产业、技术、创新、人才等合作平台。加强城市群内部城市间的紧密合作，推动城市间产业分工、基础设施、公共服务、环境治理、对外开放、改革创新等协调联动。第三，创新区域政策调控机制，实行差别化的区域政策，发挥区域比较优势，提高财政、产业、土地、环保等政策的精准性和有效性，因地制宜激发区域发展动能。对于生态功能重要、生态环境敏感脆弱区域，坚决贯彻保护生态环境就是保护生产力、改善生态环境就是发展生产力的政策导向，严禁不符合主体功能定位的各类开发活动；相关中央预算内投资和中央财政专项转移支付要继续向中西部等欠发达地区和东北地区等老工业基地倾斜；动态调整西部地区有关产业指导目录，对西部地区优势产业和适宜产业发展给予必要的政策倾斜；保障跨区域重大基础设施和民生工程用地需求，对边境和特殊困难地区实行建设用地计划指标倾斜。第四，优化区域互助机制。加大东西部扶贫协作力度，推动形成专项扶贫、行业扶贫、社会扶贫等多方力量多种举措有机结合互为支撑的“三位一体”大扶贫格局；深化全方位、精准对口支援，推动新疆、西藏和青海、四川、云南、甘肃四省藏区经济社会持续健康发展，促进民族交往交流交融；面向经济转型升级困难地区，组织开展对口协作（合作），构建政府、企业和相关研究机构等社会力量广泛参与的对口协作（合作）体系。第

五，健全区际利益补偿机制。按照区际公平、权责对等、试点先行、分步推进的原则，不断完善横向生态补偿机制，鼓励生态受益地区与生态保护地区、流域下游与流域上游通过资金补偿、对口协作、产业转移、人才培训、共建园区等方式建立横向补偿关系。第六，完善基本公共服务均等化机制。推进财政事权和支出责任划分改革，逐步建立权责清晰、财力协调、标准合理、保障有力的基本公共服务制度体系和保障机制。强化跨区域基本公共服务统筹合作，鼓励京津冀、长三角、珠三角地区积极探索基本公共服务跨区域流转衔接的具体做法，形成可复制可推广的经验。

参考文献

REFERENCES

[1] 刘再兴. 中国生产力总体布局研究[M]. 北京:中国物价出版社,1995.

[2] 中共中央马克思恩格斯列宁斯大林著作编译局. 马克思恩格斯选集(第三卷)[M]. 2版. 北京:人民出版社,1995.

[3] 中共中央马克思恩格斯列宁斯大林著作编译局. 列宁选集(第二卷)[M]. 3版. 北京:人民出版社,1995.

[4] 费根. 资本主义与社会主义的生产配置[M]. 祝诚,郭振淮,李文彦,等译. 北京:生活·读书·新知三联书店,1957.

[5] 中共中央文献研究室. 陈云年谱(中卷)[M]. 北京:中央文献出版社,2000.

[6] 中国社会科学院,中央档案馆. 1949—1952中华人民共和国经济档案资料选编(基本建设投资和建筑业卷)[M]. 北京:中国城市经济社会出版社,1989.

[7] 汪海波. 中国现代产业经济史[M]. 太原:山西经济出版社,2006.

[8] 中共中央文献研究室. 建国以来重要文献选编(第三册)[M]. 北京:中央文献出版社,1992.

[9] 陈云. 陈云文选(第二卷)[M]. 2版. 北京:人民出版社,1995.

[10] 中共中央文献研究室. 毛泽东文集(第七卷)[M]. 北京:人民出版社,1999.

[11] 中共中央文献研究室. 建国以来重要文献选编(第九册)[M]. 北京:中央文献出版社,1994.

[12] 中共中央文献研究室. 建国以来重要文献选编(第十一册)[M]. 北京:中央文献出版社,1995.

[13] 陈云. 当前基本建设工作中的几个重大问题[J]. 红旗,1959(5).

[14] 中国社会科学院，中央档案馆.1958—1965 中华人民共和国经济档案资料选编（工业卷）[M].北京：中国财政经济出版社，2011.

[15] 邓小平.邓小平文选（第三卷）[M].北京：人民出版社，1993.

[16] 中共中央文献研究室.十三大以来重要文献选编（上）[M].北京：人民出版社，1991.

[17] 中共中央文献研究室.三中全会以来重要文献选编（下）[M].北京：人民出版社，1982.

[18] 高新才.中国经济改革 30 年（区域经济卷）[M].重庆：重庆大学出版社，2008.

[19] 刘国光.政治经济学（四）[M].北京：经济管理出版社，1985.

[20] 林善炜.中国经济结构调整战略[M].北京：中国社会科学出版社，2003.

[21] 周叔莲，裴叔平，陈树勋.中国产业政策研究[M].北京：经济管理出版社，2007.

[22] 高伯文.中国共产党区域经济思想研究[M].北京：中共党史出版社，2004.

[23] 经济日报社.中国开放年鉴（1995）[M].北京：经济日报出版社，1995.

[24] 中共中央文献研究室.十二大以来重要文献选编（上）[M].北京：中央文献出版社，2011.

[25] 陈钺.开放经济概论[M].天津：南开大学出版社，2009.

[26] 中共中央文献研究室.十二大以来重要文献选编（中）[M].北京：中央文献出版社，2011.

[27] 国家统计局投资司.中国重点建设[M].北京：法律出版社，1991.

[28] 邓小平.邓小平文选（第二卷）[M].2 版.北京：人民出版社，1994.

[29] 中共中央文献研究室.建国以来重要文献选编（第十四册）[M].北京：中央文献出版社，1997.

[30] 中共中央文献研究室.建国以来重要文献选编（第十五册）[M].北京：中央文献出版社，1997.

[31] 中共中央文献研究室.习近平关于全面建成小康社会论述摘编[M].北京：中央文献出版社，2016.

后　记

POSTSCRIPT

中国是一个幅员辽阔、经济和社会发展极不平衡的多民族国家，如何解决区域发展不平衡的态势，促进区域经济协调发展，是党和政府高度重视的重大经济和社会问题。在中华人民共和国成立70周年之际，对区域经济的发展历程进行梳理和总结，对新时代更好地提升区域经济发展质量具有重要的理论和现实价值。新中国区域经济发展70年的历史演进，要想在一本著作中全部展现出来，是一项极其艰难的任务。本书主要以区域经济发展战略从均衡到非均衡再到协调的演进为主线，将历史与逻辑相结合、理论与实践相结合、定性研究与定量研究相结合，客观地对新中国成立至今不同历史阶段区域经济发展战略提出的国内外背景、实施过程以及对国民经济发展的影响效应进行分析，探讨了中国区域经济发展的演进历程以及党和政府处理中央与地方、政府与市场、区际关系等方面的历史经验。

本书作为中国社会科学院当代中国研究所副所长武力研究员主编的“中华人民共和国经济与社会发展研究丛书（1949—2018）”中的一本，是中国高校出版社主题出版项目之一，列入“十三五”国家重点图书出版规划项目。本书的写作，得到了许多人的帮助：中国社会科学院当代中国研究所副所长武力研究员从本书的标题、结构到最终形成书稿的全过程给予了全方位的指导。在写作过程中，还得到了中国社会科学院当代中国研究所郑有贵研究员、王瑞芳研究员、王爱云研究员、吴超副研究员，中央财经大学兰日旭教授、肖翔副教授、李扬老师，清华大学陈争平教授，中国社会科学院经济研究所董志凯研究员、赵学军研究员、隋福民研究员、彤新春研究员、于文浩副研究员，中国财政科学研究院赵云旗研究员，山东第一医科大学郁辉副教授，北京理工大学申晓勇副教授，中国矿业大学（北京）郭旭红副教授等等的大力帮助。本书的写作，还得到了我所在的单位中国社会科学院当代中国研究所领导和老师们的大力支持和帮助。华中科技大学出版社的姜新祺、周晓方、周清涛等领导的关心和支持使本书得以按时完成。华中科技大学出版社的责任编辑熊彦老师对书稿逐字逐句审阅并提出宝贵意见，使本书增色不少，在此表示诚挚的感谢。

此外，还要特别感谢我的家人对我的支持，他们使我能够专心致志地写作，顺利完成本书。

作　者

2019 年 5 月于北京